齐鲁文化探究与传承

影像视角下的齐鲁文化传承与传播研讨会论文集

主编　贾庆萍
副主编　李苗苗　王檬

中国国际广播出版社

图书在版编目（CIP）数据

齐鲁文化探究与传承：影像视角下的齐鲁文化传承与传播研讨会论文集/贾庆萍主编. —北京：中国国际广播出版社，2022.5
ISBN 978-7-5078-5124-3

Ⅰ.①齐… Ⅱ.①贾… Ⅲ.①文化史—山东—文集 Ⅳ.①K295.2-53

中国版本图书馆CIP数据核字（2022）第076897号

齐鲁文化探究与传承

——影像视角下的齐鲁文化传承与传播研讨会论文集

主　　编	贾庆萍
副 主 编	李苗苗　王　檬
责任编辑	王立华
校　　对	张　娜
版式设计	邢秀娟
封面设计	赵冰波
出版发行	中国国际广播出版社有限公司［010-89508207（传真）］
社　　址	北京市丰台区榴乡路88号石榴中心2号楼1701 邮编：100079
印　　刷	天津市新科印刷有限公司
开　　本	710×1000　1/16
字　　数	160千字
印　　张	11
版　　次	2022 年 8 月　北京第一版
印　　次	2022 年 8 月　第一次印刷
定　　价	38.00 元

前 言

文化是一个国家、一个民族的精神家园，体现着一个国家、一个民族的价值取向、道德规范、思想风貌及行为特征。中华民族伟大复兴需要以中华文化发展繁荣为条件，要推动中华优秀传统文化创造性转化、创新性发展，不断增强中华文化的影响力和吸引力，创造中华文化新的辉煌。齐鲁文化在中国文化和中华文明发展史上占有重要地位，推进齐鲁文化传承与传播具有重要的学术价值和现实意义，更是每个齐鲁儿女义不容辞的责任。

2020年12月10—12日，在全国上下贯彻学习党的十九届五中全会精神的热潮中，在决胜全面建成小康社会取得决定性成就、文化事业和文化产业繁荣发展的背景下，由山东省教育科学研究院指导，山东传媒职业学院主办，山东亚太礼学文化研究院承办的“影像视角下的齐鲁文化传承与传播研讨会”在济南隆重召开。来自北京大学、华东师范大学、上海交通大学、山东大学、山东社会科学院、山东传媒职业学院等国内多所高校、研究院所齐鲁文化研究领域的120余名优秀代表相聚泉城，以“齐鲁文化的内涵与精神”、“齐鲁文化的传承与创新”、“齐鲁文化的当代价值”及“齐鲁文化影像传播”四个主题论坛为平台，通过学术界、文化界、影视界等不同领域之间的直接对话，实现了齐鲁文化思想的传播与交融。

山东传媒职业学院是省内唯一一所广播影视及大众传媒类国有公办普通高校。学院以“依托传媒，服务传媒”为办学理念，“校媒融合”为办学特色，“唯真尚能”为校训，开设播音与主持、广播影视节目制作、新闻采编与制作、广播电视技术、视觉传达艺术、影视动画等25个专业，涵盖广播电视及新媒体的传播、制作、艺术、技术等领域，形成了以广播影视节目制作、新闻传播、广播电视技术三个专业群为骨干的“三足鼎立”式专业群建设格局。近年来，学院落实立德树人根本任务，围绕践行社会主义核心价值观、传承与传播中华优秀传统文化先后参与拍摄了60集大型文化专题片《齐鲁民俗》，创作了多部反映齐鲁文化创新发展的纪录片，形成了用影像创作方式弘扬和传播齐鲁文化的良好氛围。

面对媒体融合的现代传媒业发展新趋势，学院积极发挥人才与技术优势，大力创作深受青少年喜爱的动画片、短视频，连续举办大学生影像文化节和打造齐鲁文旅传播热点的创意微拍大赛等活动，获得了社会各界的肯定和支持。2019年，学院广播影视节目制作专业文化创作创新团队入选山东省教育厅“青创人才引育计划”。创新团队发挥学院影视内容生产创作的专业优势，以赋能山东省文化产业转型升级为目标，围绕齐鲁文化传承与发展策划选题，拍摄多部专题片、短视频，取得了初步建设成果。借研讨会召开之际，与会的学术界、文化界、影视界的诸位专家，共同交流新时代齐鲁文化传承与传播领域的新成果，具有重要的学术价值和现实意义。这既是对齐鲁文化传承与传播的积极促进，更是对创新团队文化创作的有力提升。因此，我们将与会专家学者的论文结集出版，希望能够为影像视角下齐鲁文化的传承与传播提供一个良好的载体，让更多人能够感受和领略齐鲁文化的博大精深，也希望论文集的出版能够成为一个交流的契机，让更多人能够参与到齐鲁文化的传承与传播之中。

目 录

孔子关于祭献饮食合乎古礼的规定与观念

——从出土《战国楚竹书》及《礼记》的记录谈起

臧克和

[摘要] 上海博物馆藏《战国楚竹书》第一册《孔子诗论》篇第九简“天保其得禄蔑疆矣，馔寡，德故也”。编者句读解释如上。按照上述的解释，那么第一句和第二句无法接续。笔者认为，第一句应读为“《天保》，其得福无疆矣”。对照《小雅·天保》文本记载的具体内容，可知是篇足当孔子“得福无疆”品目。通篇是讲天神的降福丰厚。本文通过寡、圭、蠲之间所存在的用字关系，在上述解读以及《战国楚竹书》中的《孔子诗论》中已经主要根据古者关联做了些解释，这里再尝试从字形本身做一点补充。并得出结论：孔子强调的是“质朴合礼”。这一点，似乎在其他场合的表述都没有这样纯粹鲜明。

[关键词] 楚竹书；礼记；训考

上海博物馆藏《战国楚竹书》第一册《孔子诗论》篇第九简“天保其得禄蔑疆矣，馔寡，德故也”。编者句读解释如上。按第一句应读为“《天保》，其得福无疆矣”。蔑疆，金文成语就是“无疆”（殷周使用近40次）。对照《小雅·天保》文本记载的具体内容，可知是篇足当孔子“得福无疆”品目。“天保”如《小雅·楚茨》“神保”，亦犹《楚辞》中的“灵保”，所指就是“天神”，通篇是讲天神的降福丰厚。

按第二句释读殊为费词费解。“巽（馔）寡，惪（德）古（故）也”。编者认为“巽（馔）寡”句，“寡”字陈述“巽（馔）”；“惪（德）古（故）”句，“德”字与“古（故）”又属补充说明。语意“是说孝享的酒食不多，但守德如旧”。照这种解释，“德”“故”二字存在的结构关系又跟前面接不上：“德”字用作动词“守德”，“故”字解作“如旧”，则当读为“德以故”。否则插进“如”字，有增字解经之嫌。这里初步认为，从用字来看，巽用作馔，寡用作圭；惪，用作动词，就是《说文·心部》现成的说法：“惪，外得于人，内得于己也。”古，不须破字，就是祭祀古礼：整个语句之间可不必断开，用来解释说明上句“得福无疆”的缘由。巽用作馔，《说文·食部》说是“具食也”，编者已经揭示并进而说明“泛言之包括酒与食”，与《天保》文本相应相合。至于用“寡”字，这里大概是记录了各种版本已经异文纷繁的传世文献中一条两千多年前的读音联系线索。《毛诗·天保》记录作“吉蠲为饎”，朱熹《诗集传》“蠲”下注为“古玄反”（juān）；陆德明《经典释文》注释“旧音圭”。马氏《毛诗传笺通释》卷十七引惠栋说：按《吕览》曰“临饮食必蠲絜”，高诱注：“蠲读为圭。”盖三家诗本作“吉圭为饎”，故高读从之。瑞辰按：《士虞礼》飨辞曰：“哀子某圭为而哀荐之飨。”注：“圭，絜也。《诗》曰：吉圭为饎。”《周官·蜡氏》“令州里除不蠲”，注：“蠲读如‘吉圭惟饎’之圭。圭，絜也。”又《宫人》注：“蠲，犹絜也。”引《诗》“吉蠲为饎”。《释文》：“蠲，音圭。”盖古音蠲读如圭，音同而义亦同，故《白虎通》曰：“珪之为言洁也。”

根据以上补缀的文献用字、读音联系线索，该简的二句可释读为：“《天保》，其得福无疆，是由于具食精洁、合乎古礼。”如此，与《天保》诗中之义若合符节。《诗集传》“蠲”字注：言斋戒涤濯之洁。按照朱熹的解释，本章原本是与祭祀精洁、尸传神意相联系；但《孔子诗论》着眼用心，拈出的则是偏重“馔洁、合古”等比较实在的人事方面。

传世文献中“寡”字由于读音上的联系而使用了“圭”“蠲”字，传世文献由于本字的潜隐而使用“圭”“蠲”字来试图建立语音上的联系。所以，像王念孙等学者就其中的关系而在浩如烟海的文献中寻找联系，《读书杂志》卷一：“大暑之日，腐草化为萤。引之曰：萤本作蛙。后人习闻《月令》之腐草为萤，故改蛙为萤耳。蛙即蠲之借字。《说文》：蠲，马蠲也。引《明堂月令》曰：腐草为蠲，蛙从圭声。圭、蠲古同声，故《小雅·天保》‘吉蠲惟糦之蠲’，《释文》：蠲，古元反，旧音圭。”卦，从圭得声，亦征寡、圭字音同。

相关内容可参看臧克和《释上海博物馆藏战国楚竹书中的“诗论”文字》一文，刊登于《天津师范大学学报》2002年第3期，中国人民大学《语言文字学》2002年第10期。

后来佐证。直到晚近的《红楼梦》第58回：

> 芳官问何事。宝玉道：“以后断不可烧纸钱。这纸钱原是后人异端，不是孔子遗训。以后逢时按节，只备一个炉，到日随便焚香，一心诚虔，就可感格了。愚人原不知，无论神佛死人，必要分出等例，各式各例的。殊不知只一‘诚心’二字为主。即值仓皇流离之日，虽连香亦无，随便有土有草，只以洁净，便可为祭，不独死者享祭，便是神鬼也来享的。你瞧瞧我那案上，只设一炉，不论日期，时常焚香。他们皆不知原故，我心里却各有所因。随便有清茶便供一钟茶，有新水就供一盏水，或有鲜花，或有鲜果，甚至荤羹腥菜，只要心诚意洁，便是佛也都可来享，所以说，只在敬不在虚名。以后快命他不可再烧纸。”

上述联系，也可能仅仅是思考问题的一个方面。至少还应该考虑到事情的另外一个方面：也有可能正是由于传世文献中“寡”字由于读音上的联系而使用了“圭”“蠲”字，战国时期的写本“寡”字正是作为本字在使用的。

传世文献里有关于“馔寡”的用例，但结构形式有差异。《礼记·文王世子》所保存《世子之记》篇记载有关世子侍奉君王的礼仪：“朝夕之食上，世子必在视寒暖之节；食下，问所膳羞，必知所进，以命膳宰，然后退。若内竖言疾，则世子亲齐玄而养。膳宰之馔，必敬视之；疾之药，必亲尝之。尝馔善，则世子亦能食；尝馔寡，世子亦不能饱。”《礼记正义》：“疾之药，必亲尝之（注：试毒味也）。尝馔善，则世子亦能食（注：善谓多于前）。尝馔寡，世子亦不能饱（注：又不及武王一饭再饭）。”其他文本的表述都是一致的，像《纂图互注礼记》的引文：“尝馔善，则世子亦能食（善谓多于前）；尝馔寡，世子亦不能饱（又不及武王一饭再饭）。”《太平御览》的两处引文也都相同。这里的“尝馔寡”，是跟“尝馔善”相对的两种情况。

寡、圭、蠲之间所存在的用字关系，在上面以及《战国楚竹书》中的《孔子诗论》中已经主要根据古音关联做了些解释，这里再尝试从字形本身做一点补充。按大徐本《说文解字》将“蠲”字分析为“从虫、目，益声”。剩余的部分为“象形”，标音为古玄切。段玉裁《说文解字注》进而分析是“从虫”，其余为“象形，益声”，并没有将主体部分的“目”符离析出来。这个以“目”符为主体的象形结构，是否与《战国楚竹书》简文并不从“宀”也不从“分”所构造的“[illegible]”字形体比较接近而发生了混用？“寡”字即使到魏晋南北朝隋唐之际，也还是没有“分”形参与构造的。自然，战国文字“[illegible]”“蠲”之间是否存在这种形体混淆的可能，还有待于今后进一步发现。

上述存在可能性的几个方面，是解释“馔寡”过程中所能联系到的。不论如何，孔子对《天保》一诗所取的品目，比较直接地反映出孔子的日用饮食观念，那就是强调“质朴合礼”。这一点，似乎在其他场合的表述都没有这样纯粹鲜明。

参考文献：

马承源.上海博物馆藏战国楚竹书［M］.上海：上海古籍出版社，2001.

［作者臧克和系华东师范大学终身教授，华东师范大学中国文字研究与应用中心主任，山东亚太礼学文化研究院礼学书院院长，全国语言文字标准化技术委员会汉字委员会副主任、《中国文字研究》主编、世界汉字学会（World Association of Chinese Characters Studies）主席等］

论齐鲁文化的传承与创新

王志民

[摘要] 齐鲁文化是中国传统文化的重要来源和组成部分，齐鲁文化发展历程中鲁文化有着重要的地位和影响力，民本精神、兼容精神、奋发有为、勇于担当等都是这一文化的重要内涵。原始儒学思想精神的形成也与这一文化息息相关。要加强对齐鲁文化的研究，以当代人的价值观念和文化自觉去深入挖掘、阐释齐鲁文化主体精神。

[关键词] 齐鲁文化；传统；传承；当代价值

齐鲁文化是中国传统文化的重要来源和组成部分，对中国传统文化的形成和发展做出了重大贡献。我们今天要加强对齐鲁文化的研究，在研究中传承和创新齐鲁文化。笔者认为，我们应以当代人的价值观念和文化自觉去深入挖掘、阐释齐鲁文化主体精神，笔者认为至少有以下五个方面。

第一，坚守传统、继往开来的传承精神。齐鲁自古号称孔孟之乡、礼仪之邦，即凸显出齐鲁对以孔孟为代表、以礼义为内核的儒家传统文化的传承精神。这一文化精神的形成和发展贯穿齐鲁历史发展的全过程。

第二，争强图霸、奋发有为的进取精神。所谓“霸”，不是一霸独大，而是“丰国”。中华民族爱好和平，追求和谐，追求国富民丰、人众兵强的“霸”业思想。这种精神，是中华民族思想文化的精华。

第三，崇德隆礼、尚义爱民的民本精神。民本精神的产生可以追溯到中华文明起源的“五帝”时期，并在春秋以后迅速发展。可以说，民本精神在齐鲁文化中得到了充分的发展、弘扬和提升，既是齐鲁文化主体精神的重要展现，也是中华优秀传统文化的核心价值理念。

第四，海纳百川、多元并蓄的兼容精神。这是齐鲁文化学术理念和思想文化精神的历史结晶，也反映出齐鲁文化中博大宽广的人文情怀。

第五，维护统一、勇于担当的责任精神。中华文明自创始以来，就有崇尚统一的文化传统，夏、商、西周时期，邦国林立，但“协和万邦”，多元一体；在春秋战国五百年的分裂割据中，维护统一、志在统一始终是齐鲁文化中占主导地位的思想传统，并对后世产生了深远的影响。

那么，齐鲁文化的这种传承精神，是如何体现在历史发展过程中的呢？据笔者研究，周初分封立国，齐国制定了“因俗简礼”的国策，“因俗”注重保留了东夷旧地的风俗传统，“简礼”则注重改造夷礼，实现与周礼的结合发展，形成了继往开来的优良传统。而鲁国作为周王朝的宗亲国，以“变其俗，革其礼”为政策，最大限度去除夷俗夷礼，却是为了更多更好地传承“周礼”。两国政策相左，但实质相同，都以继承优良传统作为立国之策。齐鲁文化代表了中华早期文明中夷夏文化的融合，这是其后来发展为中华主流文化的历史根基和渊源。齐鲁文化的这种重传统精神，在民族传统文化遭受劫难之时，更为突出地表现出来。春秋之变，礼崩乐坏，民族文化遭受空前破坏。此时，孔子编订《六经》——《诗》《书》《礼》《易》《乐》《春秋》，使夏、商、周三代文化典籍得以流传。所以，后世学者称：“无孔子则无中国文化。”值得一提的是，齐鲁文化的传承精神，体现着传承与创新的统一，继往与开来的契合。例如，齐人重改革，但以弘扬传统为基础。齐桓公称霸，大力推行改革，用人仍遵循周初姜太公的“尊贤尚功”之策。鲁人重传承，但也颇多创新之举。孔子创儒学，即为理论创新典范；其大兴私学，也是教育创新之举。孟子的“仁政”“王道”、荀子的“隆礼至法”，都是对儒家学说的创新性发展。

另外，民本精神是齐鲁文化主体精神的重要展现，民本精神在齐鲁的发展沿着两条线：一条是在齐的政治实践，另一条是在鲁的理论提升。齐国是最早在治国实践中将人本发展到民本的东方大国。太公封齐，以道术治国，将“因俗简礼”作为建国纲领，既是对东夷人长期形成的原始风俗的保护，也包含对人的个性、权利的尊重。齐国相国管仲大力推行内政改革，也主要围绕“人本”大做文章。他认为：“夫霸王之所始也，以人为本。”他大力推行“三选之法”，实行逐级推荐、选拔人才的政策，确保贤者上位；实行“士、农、工、商，四民分业”，努力提高各类人群的专业技能素质；又提出“礼义廉耻，国之四维”，将道德教育的落实作为国家的行动纲领，大力提升人的道德素养；提出“宽政役，敬百姓”“凡治国之道，必先富民”，等等，对老百姓“爱之、益之、利之、安之”。管仲的人本精神，也为后世统治者所继承发扬。

鲁文化对民本思想理论的提升发展，主要反映在孔子、孟子所创立发展的儒家思想体系之中。孔子开其端提出：“仁者，人也！”将“人本”提升为“仁”的思想体系。他提出“孝悌”“文行忠信”“温良恭俭让”等一系列伦理道德范畴，在政治上主张“举贤才”“为政以德”，建立起以人本思想为基点的思想体系。孟子一方面将孔子“仁”的思想与政治紧密结合，大力推行“仁政”主张，提出“民为贵，社稷次之，君为轻”的著名论断，将民本思想提升到历史的新高度；另一方面，将孔子的“修己”思想进一步创新、发展、提升，形成以性善论为基础的一整套的“人性论”。孔、孟的思想在先秦的邹鲁之地得到广泛深入地传承与弘扬，形成一种良好的尊孔崇德重礼的社会风气，历史上称为“邹鲁之风”。随着战国、秦汉时期儒学的巨大影响，齐鲁文化的进一步融合，其崇德重礼、尚贤爱民的民本精神，在整个齐鲁之地的文化中凸显出来，成为齐鲁文化的主体精神之一。

再者，稷下学宫最能代表齐鲁文化的兼容精神，它是中华文明史上的伟大创举，与同时期在欧洲雅典由柏拉图创办的阿卡德米学院，堪称世界文化史上璀璨夺目的“双璧”。

稷下学宫存在了150余年，历经田齐政权五代国君，是战国时期学术百家争鸣的唯一中心。从社会功能上说，它既是大学堂，又是研究院，还兼有统治者智库的功能。它最突出的特点是：以宽松政策、丰厚待遇，容纳政治主张不同、学术立场各异的学者会聚稷下，让他们自由争辩、研讨、交流。据研究者统计，战国诸子百家学者，几乎都在稷下出现过。齐国统治者以道法理念治国，但儒家、阴阳家、纵横家等各派学说都在此得到长足发展。而且150余年间，政策连续，一以贯之，实为中华乃至世界文明史上绝无仅有的文化奇观。

今天，世界上各种文明的碰撞交流是如此的激荡，它们如何相容相处成为世界性的难题。笔者认为，未来世界文明的构建应在尊重各种文明的基础上，加强交流，相互吸收，让各种文明由相容到相融，在自我创新、发展变革中，寻求新突破，共同构建世界新文化。这既是稷下学宫提供给人类文化发展的历史经验，也是放眼未来，人类文明发展不可不取的途径。

总之，齐鲁不仅是孔子的故乡、儒学发源地，也是诸子百家各种学派主要的产生地和百家争鸣的文化中心所在。当时的中国人更多地从齐鲁文化中汲取丰富的精神滋养。而儒学，从诸子百家之一的学术流派走向中国传统思想文化的主干的过程中，齐鲁文化又发挥了主体推动和思想引领的特殊作用。

原始儒学完备思想体系的建构，主要是由齐鲁思想家子思、孟子、荀子完成的；儒学和民族政治的紧密结合则与孟子倡导“仁政”、荀子在稷下力推礼法结合有更直接的关系。而汉代大一统后，齐人弟子董仲舒传承、发展大一统思想，融汇百家之学于儒学之中，才有“罢黜百家，独尊儒术”的思想文化巨变。齐鲁文化遂成为以儒家思想为主体建构的中国传统文化的重要基础和核心内涵之一。这一历史进程，让齐鲁文化在中华传统文化中有更强的原始认同性、内涵主体性和传承先导性。

齐鲁文化的主体精神更多显示出中华民族精神的主体内涵和突出特点，这也给当代山东人更多的启示：我们应该以文化自信与自觉，成为新的历史时期中华优秀传统文化的坚守者、传承者，成为继往开来创造文化的先行者、示范者，为实现中华民族伟大复兴做出新贡献。

参考文献：

[1] 尚书[M].王世舜，王翠叶，译注.北京：中华书局，2012.
[2] 司马迁.史记[M].北京：中华书局，1982.

（作者王志民系山东省政协九届、十届副主席，山东省社会主义学院院长，齐鲁文化与中国马克思主义研究中心首席专家，山东理工大学齐文化研究院院长，二级教授，博士生导师）

从孟子的政治思想看企业经营

周建波

[摘要] 孟子是战国时期一个很有名的游士，他以仁政思想游说诸侯，在社会上有很高的声望，门徒众多，游说诸侯时，“后车数十乘，从者数百人”，受到一些诸侯国君主的礼遇，在齐国曾一度位于“三卿之中”，但并无实权，“不任职而论国事”。他自负甚高，曾说：“如欲平治天下，当今之世，舍我其谁也？”力图寻找时机实现自己的政治抱负。可是，由于他的学说被当世各诸侯国君主认为“迂远而阔于事情”，始终未能用世。晚年他和门徒一起整理自己的学说，著成《孟子》一书，其对企业经营也有相当重要的指导意义。

[关键词] 孟子；思想；企业经营

孟子（前372—前289），名轲，字子舆，一字子车，邹（今山东邹城）人，孟子出身于没落贵族家庭，他的先世是鲁国公族孟孙氏。西汉韩婴的《韩诗外传》和刘向的《列女传》均载有孟母“三迁”和“断织”的故事。说明在孟子少年时代，其家庭已经失去了贵族地位。但他却受到了传统贵族子弟所必要的严格家庭教育。孟子早年“受业子思之门人”。子思是孔丘的孙子，曾参的学生，儒家学派的一个重要代表人物。受业于子思的门人，使孟子能够系统地接受孔子所创立的儒家学派的思想理论，并成为战国前期儒家学派的主要代表人物。

孟子是战国时期一个很有名的游士，他以仁政思想游说诸侯，在社会上有很高的声望，门徒众多，游说诸侯时，“后车数十乘，从者数百人”，受到一些诸侯国君主的礼遇，在齐国曾一度位于“三卿之中”，但并无实权，“不任职而论国事”。他自负甚高，曾说：“如欲平治天下，当今之世，舍我其谁也？”力图寻找时机实现自己的政治抱负。可是，由于他的学说被当世各诸侯国君主认为“迂远而阔于事情”，始终未能用世。晚年他和门徒一起整理自己的学说，著成《孟子》一书。其对企业经营也有相当重要的指导意义。

一、“民贵君轻论”与企业经营

战国时期，社会变革更为剧烈。新兴地主阶级在各国普遍掌权，时代赋予的任务是在新的生产方式的基础上重新建立稳定天下的秩序。围绕着要不要政府，要一个什么样的政府，政府如果做不好该怎么办等问题，各学派互相批评，互相斗争，孟子就是在这种情况下走上历史舞台的。

针对杨朱学派“为我”的主张，孟子批判说，“杨氏为我，是无君也”。他首先肯定社会需要一个政府，然后进一步指出这个政府是受人民的需要而建立的，能满足人民的需要，人民就让他做下去，不能满足人民的需要，人民就会把他赶下去。他引《书经》说：“天降下民，作之君，作之师，惟曰其助上帝，宠之四方。”意思是说，上天选择一个人做“天子”的目的是让老百姓幸福。孟子认为，“天子”并不是“天下”的政治上、经济上的最高所有者，而只是社会中的一个职位。“天”选一个人做“天子”，并不是给他对于“天下”的政治上、经济上的所有权，而只是给他一个职位。孟子认为“天”所选的“天子”必定都是最有“德”的人，即所谓“圣人”。孟子有一个他认为理想的政权转移制度，即所谓“禅让”。即一个在天子职位的“圣人”，在他年老的时候，选一个年少的“圣人”，先让他担任宰相的职务，作为学习和考验。如果成绩很好，就把他推荐给“天”，使他接替自己的职务。但是“天”不能直接表示是否接受这个推荐，还要看老百姓是不是拥护他，归顺他，所谓“天视自我民视，天听自我民听”是也，换言之，“天与”是以“人归”决定的。这实际上就是以“人归”代替了“天与”，以民意代替了天意。

有人对孟子说，儒家最强调社会秩序，那么周武王灭商纣是不是犯上作乱？孟子回答说，“贼仁者谓之贼，贼义者谓之残，残贼之人谓之一夫。闻诛一夫纣矣，未闻弑君也”。在这里，孟子把孔子的“正名”的理论，应用于“君”上，认为如果“君不君”，臣就可以不承认其为君。从这个角度来讲，纣不合乎“为君之道”，所以杀了他，只算杀死一个有罪的人。这种杀死无道的昏君，将政权转移的方式叫作“征诛”。据孟子说：商朝开创者汤，伐夏的暴君桀，“非富天下也，为匹夫匹妇复仇也”。周朝的开创者武王，伐商朝暴君纣，是“救民于水火之中”。他认为这都是“征诛”的典型。这些战争称为“义战”。他说：“春秋无义战。”他认为当时的战争都是君主争夺土地的兼并战争，都是不义之战。老百姓对于这些战争的反抗是应该的，他说：“善战者服上刑。”当时，邹国与鲁国有武装冲突。邹国的士兵不肯打仗，都跑光了，带兵的人也被鲁国打死了。孟子评论说：邹国的国君向来不关心老百姓的生活，“夫民今而后得反之也”。就是说，老百姓今天才有报复的机会，报复是应该的。

归总起来，孟子认为在政治生活中，老百姓是最重要的因素。他说：“民为贵，社稷次之，君为轻。是故得乎丘民而为天子，得乎天子为诸侯，得乎诸侯为大夫。诸侯危社稷，则变置。牺牲既成，粢盛既洁，祭祀以时，然而旱干水溢，则变置社稷。”社是土神，稷是谷神。在农业社会中，土地和粮食是最重要的东西；因此，土神和谷神也是最重要的神。社稷是土和粮食的象征，也是国家的象征。照孟子的这种说法，只有为人民所喜欢的人才能做天子，为天子所喜欢的人不过是做诸侯，为诸侯所喜欢的人不过是做大夫。在必要的时候，诸侯或社稷都可以变换，天子自然也是可以变换的。所不能变换的，就是“丘民”。“丘”有“众”的意义，“丘民”

就是众民。孟子的这一思想对后世影响很大，人们常说的“国以民为本；民以食为天”就是从这里发展来的。

何以见得民重君轻呢？一是因为“得乎丘民为天子”，天子之所以为天子，因为他得到老百姓的拥护。如果他的行为不合“为君之道”，老百姓就要对他进行“征诛”，把他废为“一夫”。二是因为天子不好，可以换（变置）天子，国君不好，可以换国君，但是无论天子还是国君都不能换老百姓。无论哪个统治者，都不能把他所统治的老百姓全部赶走，而招来另外一批人作为他的老百姓，这就证明“民为重，君为轻”。这个“能变置”和“不能变置”的事实，充分地说明了在一国之中，老百姓是根本。这个事实也说明了统治者是为了被统治者而存在，而不是被统治者为了统治者而存在，所谓“民惟邦本，本固邦宁”，讲的就是这个意思。

孟子并不否定统治者的权力，但是给他的权力定了一个极限。过了这个极限，他就要受到惩罚，那就是老百姓对于他的“征诛”。孟子的理论在道义上肯定了被统治者反抗的权利，肯定了被统治者的革命权。这在后来的中国封建社会中，对统治者起到一定的制约作用，在革命中起到鼓舞的作用。

把孟子的这个道理放到企业经营当中，就是要求企业家把顾客当上帝，把员工当兄弟。你不对顾客好，顾客要抛弃你。你不对员工好，员工要离开你。有了顾客、有了员工，企业才有了生机。因此，作为企业家，一定要有社会责任感，不要老是想我对社会的贡献多大，要更多地想如何不辜负社会对你的信任。这种来自民众的信任既可以给你，也可以随时从你身边抽走，因此企业家要有“战战兢兢，如履薄冰”的情怀，全心全意为顾客和员工服务好，只有这样，企业家的宝座才能坐得稳。

二、“通工易事”思想与企业的职业化管理

针对以许行为代表的农家学派指责滕国国君“厉民而自养”，要求

“君民并耕”的议论，孟子利用许行承认农业和手工业应该分工的事实，说：既然“百工之事不可以耕且为”，“治天下”也不可以“耕且为”，也要“通功易事”，“以羡补不足”。“功”指劳动成果，“通功”指互换劳动成果。“事”指工作，“易事”即所谓“换工”。所谓“通功易事”，就是承认并实行社会分工。

据此，孟子认为社会领域也需要分工。他说，“无君子莫治野人，无野人莫养君子。”又说：“有大人之事，有小人之事……或劳心，或劳力，劳心者治人，劳力者治于人。治于人者食人，治人者食于人。天下之道义也。”意思是说，社会是需要分工的，有从事体力劳动的，有从事脑力劳动的。从事体力劳动的，直接从大自然索取财富；从事脑力劳动的，则在从事体力劳动的人的收获物中，按一定比例分割，孟子认为，这是天经地义的。

孟子的学生彭更问他：“后车数十乘，从者数百人，以传食于诸侯，不以泰乎？”意思是说，你每次出去的时候，都是前呼后拥，浩浩荡荡，在各诸侯国中吃来吃去，你不觉得这样不劳而获，太过分了吗？孟子回答说，一点也不过分，因为“非其道，则一箪食不可受于人；如其道，则舜受尧之天下，不以为泰”。在孟子看来，国家管理者和人民群众之间，“守先王之道”的学者和从事体力劳动的农、妇、梓、匠、轮、舆之间，也是一种社会分工，前者是劳心者，后者是劳力者，双方之间也是“通功易事”的关系。他特别强调，君主、官僚等统治者，向百姓征收赋税充实国库，是交换的结果。正像手工业者用自己的产品换得农民的粮食一样。因此，他坚决反对许行学派把君主征收赋税称为“厉民自养”的观点。认为君主、官僚们治天下，也不“可以耕且为”；想消灭这种分工，让统治者“与民并耕而食，饔飧而治”，和否定农业和手工业之间的分工一样是“率天下而路”，即把天下引向歧途。

把孟子的这个道理引入企业经营中，就是承认知识的价值，承认知识分子的价值。现在很多民营企业需要高素质人才，但高素质人才去了往往留不下，原因是企业不重视知识的价值。许多企业的元老说，我们干了这么多年，辛辛苦苦才挣这点钱，他一来就挣得比我们多，凭什么呀！我对他们说，凭的就是知识的价值。你干的是简单劳动，劳动的技术含量低，是接近于完全竞争状态的生产要素，当然收入要低了；而那些读书人呢，干的是复杂劳动，劳动的技术含量高，是接近垄断的生产要素，当然收入要高了。此外，简单劳动便于监督，犯错误的机会少，复杂劳动难以监督，犯错误的机会多。你要想让他不犯错误，只有给他高收入，这样才能让他不要想犯错误的事情，才能把监督成本降下来。再说了，如果不把高素质人才引来，企业就没有战斗力，这样到最后，简单劳动者的收入甚至比现在更低。因此，为了长远的发展，只好割舍眼前的利益，这才是智者的选择。对预期能给企业创造很大价值的知识分子，不仅要给他高工资、高待遇，满足他对物质生活的追求，还要尊重他，满足他对精神生活的追求。总之，让他感受到你的真心，他才会“士为知己者死”，将自己的潜力最大限度地挖掘出来。

由于孟子强调“士”的价值，为了实现以“仁义”治国的理想，自然要提出“尚贤”的主张。他说，假若统治者能做到“贵德而尊士”，使“贤者在位，能者在职”，如此“则天下之士皆悦，而愿立于其朝矣”。

贤能的臣下到来后，统治者如何跟这些“贤人”协调关系呢？孟子认为，统治者首先必须尊敬他们，他说，“君之视臣如手足，则臣视君如腹心；君之视臣如犬马，则臣视君如国人；君之视臣如土芥，则臣视君如寇仇”。又说，“无罪而杀士，则大夫可以去，无罪而戮民，则士可以徙。君仁莫不仁，君义莫不义”。

“贤人”到来后，统治者如何使用这些“贤人”呢？孟子要求使“贤者”居于掌握政权的地位。比如他自己就一定要做“卿相”，实际掌握政权，照着自己的理想处理国家的政事（“行道”），国王不得干涉。孟子跟齐宣王说：“今有璞玉于此，虽万镒，必使玉人雕琢之。至于治国家，则曰：‘姑舍女所学而从我’，则何以异于教玉人雕琢玉哉？”意思是说，雕琢美玉需要找专家；治国家也要找专家。无论是雕琢美玉，还是治国，都必须照着专家的主张去办，不能说“姑舍女所学而从我”。

“贤人”到来后，如何处理同旧有的贵族，即元老之间的关系呢？孟子对这个问题的看法是：一方面，坚定不移地主张由“贤人”掌权，另一方面，又主张尊敬元老，礼遇元老。他对齐宣王说：“所谓故国者，非谓有乔木之谓也，有世臣之谓也。”“国君进贤，如不得已，将使卑逾尊，疏逾戚，可不慎欤？”意思是说，越是历史悠久的组织，越要处理好“新陈代谢”的问题，尽可能地将交接班的交易成本降到最低，这样才能保证组织的长期可持续性的发展。

对于新执政的“贤才”，孟子提醒他们说：“为政不难，不得罪于巨室。”“巨室”就是旧有的大贵族，也就是元老。意思是说，要尊敬元老、礼遇元老，承认他们的历史贡献，对他们表示尊重，尽可能用和平的而不是暴力的手段解决两者之间的矛盾。但是，照孟子所设想的，实际的政权既已入于“专家”出身的“卿相”手中，这些原有的大贵族所能享受的也不过是有位无权的安富尊荣。

把孟子的这番理论运用到企业经营中去，就是要求企业家坚定不移地实行专家治企的主张，既然专门的工种需要专业人才，那么管理同样也需要专业人才，也需要受过专门教育的人。如何使用这些高素质人才呢？孟子认为不能像对待一般工人那样，给予看得见摸得着的利益就可，除给予必要的高收入外，还要关心并礼遇他们。孟子说：“君之视臣如手足，则臣视君如腹心；君之视臣如犬马，则臣视君如国人；君之视臣如土芥，则臣视君如寇仇。”

另一方面，对于那些充实到组织里的高素质人才，孟子还嘱咐他们要尊重元老、关心元老，注意协调好同元老的关系。毕竟元老在企业有巨大的影响力，“所谓故国者，非谓有乔木之谓也，有世臣之谓也”。试想，你不赢得元老的支持，还怎么在企业开展工作。

至于新人刚刚到企业，往往遭元老的各种各样的排斥，这是很正常的。人追求富贵，讨厌贫贱，在得到富贵、失去富贵之间，人失去富贵的不平衡感更强。你一来到企业，就意味着元老要慢慢退出历史舞台，他要失去业已到手的富贵，心理当然不平衡，要有所反应了。作为职业官员、职业经理人，必须充分认识到这一点，并对于元老的排外加以相当的理解。仅仅理解还不行，还要想办法转变元老的排斥为接纳。能做到这一点吗？能！因为矛盾双方是相互转化的，有排斥就有接纳，关键是创造变排斥为接纳的条件。

在如何赢得元老支持方面，孟子说，“为政不难，不得罪于巨室”。就是说，要尊敬元老，虚心向元老学习。为什么要尊敬元老呢？他们是对企业做出过巨大贡献的人，值得晚辈尊重。对于晚辈来讲，“忘记过去就意味着背叛”，你之所以有今天这样的施展才能的平台，那是因为站在前辈巨人的肩膀上，必须承认元老在企业发展历史上所做出的巨大的贡献。为什么要虚心向元老学习呢？一是因为元老比我们更了解企业及其市场，这值得我们学习。二是因为我们要取得比元老更大的成就，为此就必须虚心向元老学习，从而站在元老巨人的肩膀上，站得高看得远，这样才能取得比元老更大的业绩。须知，虚心的态度会感动人，骄人的业绩会打动人，这样不就转变元老的排斥为接纳了吗？

孟子的这一与元老、贵族阶级协调的主张，与法家彻底消灭贵族阶级的主张和措施，形成鲜明的对比。所以有这种差别，我认为更根本的原因是东部地区经济发展、社会变革速度也快，封建生产方式占据主导地位，新兴地主阶级登上了政治舞台。在这种情况下，新旧生产方式的矛盾不那么激烈了，新兴地主阶级也用不着像过去那样运用暴力革命的办法来巩固政权，完全可以采取赎买的办法来巩固政权，继续革命。而西部地区经济不发达，社会变革速度慢，保留了很多传统的东西，在这种情况下，出于短期内使国家迅速崛起的考虑，只能依靠国家政权的力量强行打破旧的生产方式，采取符合时代需要的新的生产方式。这就是孟子和商鞅、韩非子主张不同的原因。前者有更多的民主的色彩，后者有更多的暴力的色彩。

前者更多地强调对政府的约束，后者更多地强调加强政府的力量。官和民是一对矛盾，过多地强调民的作用，在政策主张上自然就是民间自治，市场经济；过多地强调政府的作用，在政策主张上自然就是政府计划，将民间经济纳入计划经济的轨道上。

在这里，有一点要特别指出，孟子在一般情况下是鼓励职业官员同元老协调关系的，那么在特殊情况下，即短期内必须解决问题、完成任务的情况下，也主张采取激进的措施。尽管他的著作里没有特别点出这一点，但只要考虑到他的“闻诛一夫纣矣，未闻弑君也”的革命性主张，就不难得出上述结论，这是共性与个性、普遍性与特殊性的关系问题。

三、王霸之争与提高顾客价值

针对各大诸侯国对内实行专制主义的中央集权，对外进行兼并战争，用武力统一中国的做法，孟子首先肯定天下必须“定于一”，然后又说：“有不嗜杀人者”才能“一之”。他说：“春秋无义战。”就是说，春秋以来的那些战争，都是不义之战。至于战国时期更大规模的争霸战争，孟子更是激烈批评。他说，“争地以战，杀人盈野；争城以战，杀人盈城，此所谓率土地而食人肉，罪不容于死。故善战者服上刑，连诸侯者次之，辟草莱、任土地者次之”。在孟子看来，民为贵，君为轻，国家是为了满足人民需要而建立的，这才是国家的本质。而有的统治者却为了自己的私利，驱赶人民走上战场；有些所谓能干的职业官员忘了为人民服务的宗旨，利用自己的知识为虎作伥，这和当年孔子批评冉求何其相似。基于此，他说，“君不行仁政而富之，皆弃于孔子者也，况于为之强战？”意思是说，不行仁政而富，尚且为孔子所反对，何况从事“杀人盈野”“杀人盈城”的战争呢？由此看来，孟子并不是一味地反对战争，而是反对为了一己私利，置天下民众于不顾的战争，反之，对于那些为了拯救天下民众于水火的战争，孟子称之为“义战”，大力歌颂之。

孟子认为，战争的胜利有三个条件："天时""地利""人和"。他说："天时不如地利，地利不如人和。"意思是说，"人和"是取得战争胜利的决定性的条件。他认为，统一中国也主要是靠老百姓的拥护而不是靠战争。他说："域民不以封疆之界，固国不以山溪之险，威天下不以兵革之利。"就是说，老百姓不是可以用政治的区域限制的；国家不是可以用地理上的险要保护的；世界不是可以用军备吓倒的。主要是看统治者是"多助"还是"寡助"。得到老百姓拥护是"多助"，"多助之至，天下顺之"；受到老百姓反对是"寡助"，"寡助之至，亲戚畔之"；"以天下之所顺，攻亲戚之所畔，故君子有不战，战必胜矣"。

统治者怎样可以得到多助呢？就要"得道"，"得道多助"，这个"道"就是孟子所说的"王道"。对于那些以武力统一天下的主张，即为统一天下而统一天下，而不是为民众利益而统一天下的主张，他称之为"霸道"。孟子认为"王"与"霸"的根本区别在于"以德"和"以力"的不同。"以力假仁者霸，霸必有大国。以德行仁者王，王不待大，汤以七十里，文王以百里。以力服人者，非心服也，力不赡也；以德服人者，中心悦而诚服也，如七十子之服孔子也。"他所谓"力"即暴力，法家主张对内用刑赏推行法令，对外以武力进行兼并，这都是孟子所说的"以力服人"，这些都被孟子贬为"霸道"。像儒家所宣扬的，用礼乐教化对老百姓说服教育的主张，孟子誉为"以德服人"，称作"王道"。孟子在这里所讲的就是孔子所讲的"道之以德，齐之以礼"和"道之以政，齐之以刑"的那两种统治术的不同。

孟子的"义战"思想对后世影响很大，以至于农民造反，也一定要打出起义军的旗帜。意思是说，我等之造反，非为自己，而为天下之民众，推翻无道昏君，消灭不义之世界，建立人间一正义的新世界。就是统治阶级内部冲突，一方要讨伐另一方，也一定要发布檄文，历数对方的劣行，宣布其已成为独夫民贼，人人得而诛杀之。第二次世界大战时，同盟国一方以反法西斯战争为旗帜，历数轴心国反人类的种种劣行，激励人们投入反法西斯战争之正义事业。

把孟子的上述道理运用到企业经营当中，就要求我们通过给顾客创造高价值的有形产品和无形产品（服务），来赢得顾客的信赖，这样才能实现我们对利润最大化的追求。原因是社会总产品供大于求，顾客有了广泛的选择权。这种通过让顾客得到更大的价值来赢得顾客信赖的办法就是营销，就是“以德服人”，就是行“王道”。反之，那种通过歪门邪道或强买强卖让顾客服从的办法就是推销，就是“以力服人”，就是行“霸道”。“德”者，“得”也。所谓有德的人，就是割舍自己的眼前利益让别人得到的人。孟子说：“域民不以封疆之界，固国不以山溪之险，威天下不以兵革之利。”置之企业经营就是说，由于消费者具有广泛的选择权，有相当的流动性，因此“以力服人”远不如“以德服人”，作为企业，要行“王道”而不要行“霸道”。

参考文献：

朱熹.四书章句集注［M］.北京：中华书局，2016.

（作者周建波系北京大学经济学院经济史学系主任，教授，博士生导师）

探识孟子的“求放心”

舒　忠

［摘要］孟子提出“求放心”说后，自先秦至近代对其注解无外乎两种。第一种即学问之道等于找回丢失的良心，意即善心。在这里，“求放心”既是做学问的目的，也是做学问的过程，和做学问本身是等价的，即做人之道。第二种即把“求放心”当作是研究学问的“道理”。而孟子的“求放心”本意如何？我以为，“求放心”是孟子精神世界的核心，也是孟子整个哲学体系的重心，更是孟子一生孜孜以求、身体力行的唯一一件事情。传教士的唯一任务就是帮助人们找回迷失的心灵，孟子是靠自身修养寻找迷失的心性。孟子说：“仁是人的心，义是人的路。放弃了那条正路而不走，丧失了那善良之心而不去找，可悲得很啊！一个人，有鸡和狗走失了，便晓得去寻找，有善良之心丧失了，却不晓得去寻求。学问之道没有别的，就是把那善良之心找回来罢了。”

［关键词］孟子；求放心；本意

前不久，顾彬教授和我商讨他的关于孟子的论文题目，他提到准备写《作为传教士的孟子》，“传教士”这一提法让我豁然开朗，给我极大的启发。很久以来，我们的研究似乎一直在“象牙塔”中进行，作为爱好者或者研究者的我们，始终处在自己的小圈子里，彼此寒暄抑或彼此批评，始终无法突破文本或者孟子的“那个时代”，始终用我们所处时代的思维来理解和论断；而作为域外汉学家的顾彬，用“传教士”这一西方概念来界定孟子的言行和思想，切实为我们的研究打开了另一扇窗。顺着这个思路走下去，孟子一直困扰我的“求放心”也有了另一种理解，是为补说。“求放心”见于《孟子·告子上》：“学问之道无他，求其放心而已矣。”我以为，“求放心”是孟子精神世界的核心，也是孟子整个哲学体系的重心，更是孟子一生孜孜以求、身体力行的唯一一件事情。这和顾彬教授的孟子“为传教士”的提法完全契合：传教士的唯一任务就是帮助人们找回迷失的心灵，孟子是靠自身修养寻找迷失的心性。

一、孟子“心”

如若按照现代语意来理解，“求放心”是指求得心绪安定，而在孟子的时代并非如此。《孟子·告子上》：

> 孟子曰：“仁，人心也。义，人路也。舍其路而弗由，放其心而不知求，哀哉！不行仁义者，不由路，不求心者也，可哀悯哉。人有鸡犬放，则知求之；有放心，而不知求。学问之道无他，求其放心而已矣。”

可见，孟子的“求放心”之中的“心”是指儒家倡导的“道德之心”，意即“善”。蒙培元认为“心”有三种含义，其中之一就是以孟子的主张为代表的“道德之心”，“指人的情感心理升华而形成的道德意识，是道德理性范畴”[①]。在孟子那里，“心”是主体自身内在的道德意识，是人本来固有的仁义之心，即所谓“本心”或“良心”。

至于“放”，《孟子·告子上》：“牛山之木尝美矣，以其郊于大国也，斧斤伐之，可以为美乎？是其日夜之所息，雨露之所润，非无萌蘖之生

① 蒙培元.理学范畴系统［M].北京：人民出版社，1989：195.

焉，牛羊又从而牧之，是以若彼濯濯也。人见其濯濯也，以为未尝有材焉，此岂山之性也哉？虽存乎人者，岂无仁义之心哉？其所以放其良心者，亦犹斧斤之于木也，旦旦而伐之，可以为美乎？其日夜之所息，平旦之气，其好恶与人相近也者几希；则其旦昼之所为，有梏亡之矣。梏之反复，则其夜气不足以存；夜气不足以存，则其违禽兽不远矣。人见其禽兽也，而以为未尝有才焉者，是岂人之情也哉？故苟得其养，无物不长；苟失其养，无物不消。孔子曰：'操则存，舍则亡；出入无时，莫知其乡。'惟心之谓与？"

孟子以斧伐木之喻而言，人之所以放逐、丧失其良心而无仁义，就犹如斧斤之伐于木也，"放"即"丧失"。

《孟子注疏》也以"放散"释"放"。按照传统解释，孟子之"放心"，是指丧失良心，即放失仁义之心。

换言之，这里的"放"大体相当于现代汉语中"失落"的意思。放心，就是失落在外面的良心。只要理解了"放"的含义，其他部分的意义也都能顺水推舟地知道了。因此赵岐作注时，只蜻蜓点水地说了两句。

二、"求放心"注解流变

我们先看一下现在市面上的种种翻译、训诂。我在这儿引用三个版本。

> 孟子说："仁是人的心，义是人的路。放弃了那条正路而不走，丧失了那善良之心而不去找，可悲得很啊！一个人，有鸡和狗走失了，便晓得去寻找，有善良之心丧失了，却不晓得去寻求。学问之道没有别的，就是把那善良之心找回来罢了。"[①]

① 杨伯峻.孟子译注［M］.北京：中华书局，1960.

> 孟子说：“仁是人的心，义是人的路。舍弃了路不去走，丢失了心不知道去找，可悲啊！人们有鸡狗丢失就知道去找。丢失了心却不知道去找。学问之道没有别的，只是找回丢失的心罢了。”①
>
> 孟子说：“仁，就是人的本心，义，就是人的大路。抛弃大路而不行走，丢失本心而不寻求，真是可怜啊！有人鸡犬丢失了，倒晓得去寻找，但丢失了本心，却不晓得找寻回来。研究学问的道理，没有别的，只要把丢失的心找寻回来就是了。”②

仔细分析，我们会发现，尽管大体没有区别，对于“学问之道无他，求其放心而已矣”一句的解释，却是有差异的。其中杨伯峻和金良年大抵是一个意思，认为学问之道等于找回丢失的心，在这里，“求放心”既是做学问的目的，也是做学问的过程，和做学问本身是等价的；而史次耘的解释不同，他把“求放心”当作是研究学问的“道理”，那就成了一种方法、一种前提，而这种前提是为更好地做学问服务的——在这里，“求放心”被降级了。

这两种争议，古已有之，尤其是朱熹和毛奇龄这一对冤家，在这句话的解释上更是针锋相对。我们知道，清代经学界有所谓的汉、宋学之争。其中宋学，指的就是宋代以来朱熹传下的一支，在后代科举考试中尊为教材的，其中代表就是朱熹所作的《四书章句集注》；毛奇龄却是汉学的先驱者，他从汉注的训诂入手，绕开朱熹解读经文，最终写成专门纠朱熹错误的《四书改错》，开一代风气之先。前此所说的争议，在这两部书中就很明显了。

朱熹在《孟子集注》中如是写道：

> 学问之事，固非一端，然其道则在于求其放心而已。盖能如是则

① 金良年.孟子译注［M].上海：上海古籍出版社，2004.

② 史次耘.孟子今注今译［M].重庆：重庆出版社，2009.

志气清明，义理昭著，而可以上达；不然则昏昧放逸，虽曰从事于学，而终不能有所发明矣。故程子曰："圣贤千言万语，只是欲人将已放之心约之，使反复入身来，自能寻向上去，下学而上达也。"此乃孟子开示切要之言，程子又发明之，曲尽其指，学者宜服膺而勿失也。

在这里，他扩大孟子"学问"的范围，把"学问之道无他"改成"学问之事，固非一端"，从而使"求放心"成为学术大厦中的一层，而求得放心之后，还须"下学上达""有所发明"。这引起了毛奇龄的不满，于是在他的《四书改错》中直截了当地抨击朱熹歪曲先贤真意：

据此，则求放心但为学问而设，其曰"义理昭著"，谓必存心则学问义理始昭著也。曰"有所发明"，必存心始学问可发明也。是孟子一生只在求放，而注者抄变其词，谓必著义理；孟子一生只存心养性，而注者抄变其词，谓必发明学问，是背驰也。此不过因改《大学》"格物"为穷致物理，以"学问"加之"正心诚意"之先，因之凡求放心，凡尽心知性，俱颠倒抄变，名为补救，而实所以曲护己意。

除了上述二位理解不同，在宋代理学家眼中，"求放心"同样含义各异。程颐认为"'放心'，谓心本善，而流于不善，是放也"[①]，心之本体是善的，却流于不善，于是便有了"放心"，孟子"放心"便附有"流于不善"之义。程颢曰："圣贤千言万语，只是欲人将已放之心，约之使反，复入身来，自能寻向上去，下学而上达也。"主张去其不善而复其善，恢复心之本体。朱子接受了程颐的观点，声称"学者须是求放心，然后识得此性之善。人性无不善，只缘自放其心，遂流于恶"。他称赏程颢所言"乃孟子开示切要之言"，但否定了其收回已放之心的主张，认为已放之心

① 程颢，程颐.二程遗书［M］.上海：上海古籍出版社，2000：257.

不可能被收回，若能收回来，也非放前之心。朱子认为，二程都以“人心本善”为出发点，“惟明道语未明白，故或者错看，谓是收拾放心，遂如释氏守个空寂。不知其意谓收放心只存得善端，渐能充广，非如释氏徒守空寂，有体无用”，纠正程颢将禅学“徒守空寂”等同孟子“求放心”的思想，主张“收放心，只是收物欲之心。如理义之心，即良心，切不须收。须就这上看教熟，见得天理人欲分明”[①]，在孟子“求放心”中加入“天理人欲”的理学色彩。朱子认为“放心”具有普遍性，“四海九州，无远无近，人人心都是放心，也无一个不放。如小儿子才有智识，此心便放了，这里便要讲学存养”。而“求放心”和“四端”是“一收一放”的关系：“学问之道无它，求其放心而已。”又曰“凡有四端于我者，知皆扩而充之。”孟子说得最好。人之一心，在外者又要收入来，在内者又要推出去。《孟子》一部书皆是此意。“求放心”为收向里，而“四端扩而充之”为推出去，都由“本心”决定。另外，朱子也强调了“求放心”和“仁义”的联系，“能求放心，则不违于仁而义在其中矣”[②]，这是朱子“仁”说的延伸，他认为仁包四者，是全德之名，“存得仁”便是“求放心”的关键。

“心”到了陆九渊那儿，就被提到了本体的高度，由道德本能提升而成为道德本体，主张“心即理”，“宇宙便是吾心，吾心即是宇宙”，“本心”成为一个具有伦理属性的“精神实体”。[③]从而对“求放心”也就有了不同的理解：仁，人心也，心之在人，是人之所以为人，而与禽兽草木异焉者也，可放而不求哉？古人之求放心，不啻如饥之于食，渴之于饮，焦之待救，溺之待援，故其宜也。学问之道，盖于是乎在。下愚之人忽视玩听，不为动心。[④]

强调“仁义者，人之本心也”，“仁义”是人有别于禽兽最根本的属性

① 黎靖德.朱子语类［M］.北京：中华书局，1986：1408.

② 朱熹.四书章句集注［M］.北京：中华书局，1983：334.

③ 侯外庐，邱汉生，张岂之.宋明理学史：上［M］.北京：人民出版社，1987：564.

④ 陆九渊.陆九渊集［M］.北京：中华书局，1980：373.

和特征。“求放心”就如同饥而食、渴而饮、焦待救、溺待援，恰合时宜，学问之道之于“求放心”也是如此。他认为：“人孰无心？道不外索，患在戕贼之耳，放失之耳。古人教人，不过存心、养心、求放心。”人都有仁义之心，唯独担心其被“戕贼”“放失”，而“求放心”就成为一种非常重要的教育方法。面对“求放心”，君子和小人的态度是不同的，“良心之在人，虽或有所陷溺，亦未始泯然而尽亡也。下愚不肖之人所以自绝于仁人君子之域者，亦特其自弃而不之求耳”，下愚不肖之人如果真能“反而求之”，也能求得“本心”的呈现，“此无他，所求者在我，则未有求而不得者也”，这与朱子“心不待求”的观点相通。

明代心学大师王阳明认为孟子“学问之道无他，求其放心而已”一语是“知所以为约之道”的，“理一而已，人欲则有万其殊。是故一则约，万则烦矣。虽然，理亦万殊也，何以求其一乎？理虽万殊而皆具于吾心，心固一也，吾惟求诸吾心而已。求诸心而皆出乎天理之公焉，斯其行之简易，所以为约也已”[①]。

“心”不仅是道德意识的本源，而且是一切宇宙万物和道德观念的本源，以及判断是非的标准，故有“求诸心而皆出乎天理之公”之说。阳明主张“君子之学，惟求得其心。虽至于位天地，育万物，未有出于吾心之外也”。阳明借助“学问之道无他，求其放心而已”来阐述其“良知说”，比陆九渊更突出主体思想。

程子曰：“心要在腔子里。”此本孟子“求放心”而言。然则人心果有时放外耶？即放外，果在何处？因读《孟子》上文云：“仁，人心也。”乃知心有不仁时，便是放，所谓“旷安宅而弗居”也。故阳明先生曰：“程子所谓腔子，亦只是天理。”至哉言乎！程子又曰：“吾学虽有所受，然天理二字，却是自家体认出来。”夫既从自家体认而出，则非由名相凑泊可知。仔细检点，或以思维放，或以卜度放，或以安排放，或以知故放，或

① 王守仁.王阳明全集［M］.上海：上海古籍出版社，1992：261.

以虚空放，只此心动一下，便是放。心斋云：“凡有所向，便是欲；有所见，便是妄。”既无所向，又无所见，便是无极而太极。无极而太极，即自家真底蕴处。学者只向自家寻底蕴，常做个体认工夫，放亦只放在这里，求亦只求在这里，岂不至易？岂不至简？故“求放心”三字，是学人单提口诀，下士得之为入道之门，上根得之即达天之路。

“心有不仁时，便是放”，是明儒中比较普遍的观点，也是汉代以来传统解释的延续。刘宗周主张“学者只向自家寻底蕴，常做个体认工夫，放亦只放在这里，求亦只求在这里”。

“自家寻底蕴”“体认工夫”引申了程子“然天理二字，却是自家体认出来”。阳明认为程子所谓“腔子”就是“天理”，蕺山接受此观点，反对如以往理学家那样分“人心”“道心”为二，主张“道心即人心之本心”，所以“言‘求放心’，不必言‘求理义之心’”。“放心”之易，“只此心动一下，便是放”，由于人欲等外界的作用，此心便离自家。而无欲、无妄就能达到“无极而太极”的境界，也就是“自家真底蕴处”。“放心”易，“求放心”也不难，能自家寻真底蕴，做个体认工夫即可。

宋明以来，在诠释“求放心”的过程中，逐渐附有理学家自己的思想特点，“放心”已不是因“不能尽其才”所致，而是人欲影响的结果，因此以求去除人欲，收回已放之心，并逐渐将孟子道德意识层面的“心”提高到本体的高度，强调“求仁”。朱子更是详细论述“放心”，并以其“心不待求”的思想怀疑孟子之“求放心”。陆、王心学更加突出“心”的主体性，或偏重内在、或内外皆重，都强调“求放心”的必要，虽然泰州学派颜钧“放心体仁”之“放”没有了“放失”之义，但还是将其作为“体仁”“求仁”的主要方式。

小结

梳理至此，“求放心”基本意思基本显现。这个“心”，其实就是先天的道德，但人在后天的行为中把它失去了；“求放心”，就是要通过修养，把先天的道德找回来。

那么上述两种注解，哪一种更趋向于孟子的本意呢？我以为，毛奇龄的观点更接近孟子的原意。先秦的儒家思想可以概括为“内圣外王”，其中“内圣”又是重心。在《论语》和《孟子》中所谈到的无非个人修养与治国之术，但是这两部书所载的治国方法，无一不是人内在道德的修养延伸。因此可以说，先秦儒家学者所追求的学问（也即“先王之道”）就是道德本身。在《论语》中有这样一句话：“子夏曰：‘贤贤易色；事父母，能竭其力；事君，能致其身；与朋友交，言而有信。虽曰未学，吾必谓之学矣。’”这更从侧面体现出，在先秦儒学者的心目中，所谓的“学”其实都不外于道德。现在再回过头看毛奇龄的话，其中道理就能体现出来了。毛说“孟子一生只在求放”“孟子一生只存心养性”，是符合先秦儒家学者的追求的。朱熹自己扩大了学术的范围——他把《大学》里的“格物”解释为“穷致物理”，要去研究事物的规律，自然就不能再把“求放心”当成学问的全部，那么他曲解原意，也理所当然，不足为怪了。

考证到此结束，一个问题似乎已经解决了，可是我的脑海里却又升起另一个问题：孟子的“求放心”，我们今人要怎样看待呢？现在，再让我们回到孟子的命题，就不难发现，孟子提出的“求放心”和他的整个体系本身，都是一套先验论的哲学。

从他与告子的争辩中，我们可以清楚地认知：孟子的“人性本善”，其实是他设定的先天条件，当时既无法证明，又无法简单地反驳，因此才能技压群雄。他的整个知识论也是先验的。孟子将知识等同于道德，又提出道德的根基在于人的“本心”；他还说“人之所不学而能者，其良能也；所不虑而知者，其良知也”，认为后天习得的都不是最好的东西。那么最好的东西是什么呢？当然就是“心”，所以要“求放心”，追回失去的赤子的道德。其结果自然是“仁义礼智，非由外铄我也”，学习成了对内的行为；而人世间也有了最高程度的“善”，那就是“放心”中的道德，它作为道德的发端出现，又作为道德的终点重生。人的“本心”成为道德评判的尺度，发展到极致，就成为“至善”。

综上，经过宋明理学及近代学者的不同的诠释，孟子“求放心”的内容日益丰富，但我们应该看到他们在具体解释中的特点，以及与孟子原意之间的差异，从而有助于掌握“心性说”的发展流变。

（作者舒忠系北京大学中文系文学博士，博士生导师，山东大学当代文化发展研究中心主任；山东大学战略管理研究中心副主任；山东亚太礼学文化研究院院长）

论齐鲁文化中的沂蒙精神

张文珍

[摘要] 任何精神的产生和发展都是一定历史条件下文化生态环境发展的必然结果。沂蒙精神的形成不仅有其社会根源，而且有其自身发展变化的过程及规律，有其继承性和延续性。沂蒙精神产生于历史文化底蕴丰厚的沂蒙大地，植根于齐鲁优秀传统文化的沃土之中。沂蒙精神继承和融合了齐鲁优秀传统文化，并随着时代的变迁，在优秀文化的催生中不断丰富和发展。从沂蒙精神的内涵来看，沂蒙精神与齐鲁优秀传统文化密切相关，齐鲁文化是沂蒙精神的文化基础，沂蒙精神是对齐鲁优秀传统文化的传承与发展。“爱党爱民”是沂蒙精神的灵魂，“开拓奋进”是沂蒙精神的主题，“艰苦创业”是沂蒙精神丰富内涵的重要组成部分，“无私奉献”是沂蒙精神的核心。

[关键词] 沂蒙精神；内涵；人民情怀

作为沂蒙精神的发源地，山东省非常重视对沂蒙精神的研究，特别是2013年习近平总书记视察山东时特地针对沂蒙精神提出了一些要求，此后，对沂蒙精神的研究进入一个新阶段。沂蒙精神的内涵非常丰富，如果选择其中一个点，那就是人民情怀，沂蒙精神的本质内涵最后折射出来的就是人民情怀。

解放战争初期，很多人不相信党和军队会打赢，但事实上这个过程进展得特别快，三年时间里秋风扫落叶。为什么进展得如此顺利？实际上就是因为这场战争是人民战争。国民党彻底失去了民心，被老百姓抛弃了。解放战争中关于我们军队的人数统计其实有100万支前人民没有计算入内，这是军队的一个强大的力量。有了这样的一个后盾，怎么能不胜利呢？为什么在革命战争年代，异常艰难困苦的情况下，有那么多的普通老百姓，真心实意、毫无保留地跟党走，跟军队走，为此付出一切，乃至生命？党和军队是如何赢得民心，如何获得人民群众的支持的？笔者认为最根本的原因是：党和军队跟群众的利益是一致的。关心群众、爱护群众、维护群众的利益和权利。沂蒙精神的核心就是人民情怀，以维护人民的利益为最高原则和目标。

新时代中国特色社会主义的建设，各个学术思想、核心理念都以人民为中心，它也是沂蒙精神在新时代的传承与弘扬。党的十九大报告确立以人民为中心的发展思想，就是要求把人民的重要性提高到新的高度。以人民为基础，广泛发动群众。首先就要认识到人民、老百姓、民众在发展中的重要性，人民始终是前进的重要力量。

习近平总书记2013年11月在山东考察时指出，在沂蒙这片红色土地上，诞生了无数可歌可泣的英雄儿女，沂蒙六姐妹、沂蒙母亲、沂蒙红嫂的事迹十分感人。沂蒙精神与延安精神、井冈山精神、西柏坡精神一样，是党和国家的宝贵精神财富，要不断结合新的时代条件发扬光大。

随着社会的发展变化，沂蒙精神的内涵稍微有所变化，现在的基本内涵主要体现为：爱党爱民、开拓奋进、艰苦创业、无私奉献。笔者将从以下四个方面进行分析。

一、沂蒙精神内涵首先体现在党群关系上

首先关心群众，把群众当亲人看待，一心一意为老百姓谋福利。让群众感到你和他们是站在一起的，和他们一条心，这是首先应该明确的观点。中国老百姓是最可爱的、最朴素的，也是最有爱心的。只要你全心全

意地为他们着想，他们就会全力配合你。这是一条基本的做人原则和工作准则。关键是看做的事情，看国家政策是否体现了人民的利益。战争年代、艰难时期，沂蒙人民用无私奉献的精神支援了中国的解放事业，拥护了党的事业，现在党和国家也以为人民服务、维护群众利益来回报他们，将人民的利益放到最高位置，密切联系群众，关心群众。沂蒙人民应当继续践行无私奉献、为国为民的精神，进一步发扬沂蒙精神。

毛泽东同志在《关心群众生活，注意工作方法》一文中指出："我们对于广大群众的切身利益问题，群众的生活问题，就一点也不能疏忽，一点也不能看轻。""我们应该深刻地注意群众生活的问题，从土地、劳动问题，到柴米油盐问题。妇女群众要学习犁耙，找什么人去教她们呢？小孩子要求读书，小学办起了没有呢？对面的木桥太小会跌倒行人，要不要修理一下呢？许多人生疮害病，想个什么办法呢？""要得到群众的拥护吗？要群众拿出他们的全力放到战线上去吗？那末，就得和群众在一起，就得去发动群众的积极性，就得关心群众的痛痒，就得真心实意地为群众谋利益，解决群众的生产和生活的问题，盐的问题，米的问题，房子的问题，衣的问题，生小孩子的问题，解决群众的一切问题。""假如我们对这些问题注意了，解决了，满足了群众的需要，我们就真正成了群众生活的组织者，群众就会真正围绕在我们的周围，热烈地拥护我们。"毛泽东同志讲得非常朴实无华，非常接地气，最能说出老百姓的心态，党员干部就要这么做。要使广大群众认识到党代表他们的利益。党中央提出的理论和思想都是一脉相承、源远流长的，从党的原则上是可以找到的，党与老百姓是呼吸相通的。

一个党员干部心里装着群众，真心实意地为人民群众做好事、办实事、解难事，人民就会惦记着你。离开了人民，干部将一无所有，一事无成。

二、让老百姓当家做主，提高人民群众的生活水平

1943年抗日战争时期，时任中国共产党山东分局书记李玉同志，在分

局群工会议上做报告，要求干部来做工作时要与群众的切身利益相结合，从改善群众的生活入手来开展工作，如开荒、种田、减租、减薪、救济春荒、免除苛捐杂税等。

《山东省战时市政纲领》明确规定：提高妇女社会、政治、经济地位，改善妇女生活，解除封建压迫。禁止虐待妇女，保证妇女抗日自由、婚姻自由，禁止买卖婚姻及童养媳，禁止缠足，奖励放足，发动妇女参战、参政及各种社会活动，并切实培植与大量训练各种妇女干部，发挥妇女力量，以求妇女之解放。这些举措极大地激发了广大妇女的工作热情，对生产、生活的提高有很大的促进作用。

在文化教育方面，中国共产党山东分局同志提出要广泛开展群众性的文化，普遍开办小学、高等学校、文化夜校以及山东鲁迅艺术学校。创办一些媒体，比如《大众日报》《前卫报》《山东画报》。坚定利用先进文化武装建设部队，武装群众成长，提高群众的素质。

现在依然要遵循这一精神，将人民的权利、自由放到很高的位置，一心一意提高老百姓的生活水平。最近几年，国家大力推行的扶贫、脱贫政策，就是这一精神的集中体现。老百姓之所以拥护中国共产党，就是因为中国共产党始终全心全意为人民服务。因此，共产党员要把让老百姓过上好日子当作自己的工作目标和价值追求。

三、细致入微、卓有成效的群众工作

要运用好的理念、好的思想、好的动机，把群众工作做到位，把这种润物细无声、潜移默化的好传统传承下去、发扬下去。

毛泽东同志在关心群众生活时，非常注意工作方法，其中有三个难点。毛泽东同志用过河与桥和船的关系，说明工作方法的重要性：“我们的任务是过河，但是没有桥或没有船就不能过，不解决桥或船的问题，过河就是一句空话，不解决方法问题，任务也只是瞎说一顿。”注意工作方式方法，那也是党的优势。这个工作方法怎么开展？作为山东根据地来讲，这些举措立足于解决群众的切身问题，感同身受、设身处地、换位思考，站在群众立场上，设身处地去解决群众问题。树立群众观念，注意工作方式方法，破除官僚作风。所以这些工作者会采取灵活多样的激励群众的方法，到田间地头、到地里去，跟他们一块干活，趁机组织一些教育宣传活动，大家就特别乐于接受。

四、加强作风建设，树立良好形象，赢得群众尊重和信任

人心向背是根本。是不是与群众同甘共苦，吃苦在前，享受在后，这是作风体现，这种作风非常能看出一个人的精神境界和道德高度。三大纪律八项注意，也是考虑到这一点来制定的。勤俭节约，拒绝浪费，减轻老百姓的负担，与老百姓同甘共苦，这种作风的影响力非常大，党员干部一直是冲锋在前，拥有顽强的视死如归的精神，争先恐后，发挥带头引领作用，以民族、国家、人民为重。可以从反面对比一下国民党为什么失败？当年国民党最后一败涂地，原因之一是内部出了问题，脱离群众、贪污腐败。

以上几个方面是笔者对沂蒙精神的一种理解和阐释，说到底就是人民情怀，以人民为中心。今天我们要进一步弘扬沂蒙精神，不忘初心。不要忘记为什么出发，牢记党的目标就是为人民谋幸福，为中华民族谋复兴。只要坚定信念、坚持正确的方向，保持正确的精神意识，坚持不懈地努力拼搏，就一定能实现中华民族的伟大复兴。

［作者张文珍系中共山东省委党校（山东行政学院）文史教研部主任］

影像传播视域下的齐鲁文化传承研究

樊　宇

［**摘要**］党的十九大报告中，旗帜鲜明地提出国家要实施乡村振兴战略，建设新乡村便成为乡村振兴的题中应有之义。通过微影像的形式来展现齐鲁文化的独特魅力、发掘齐鲁文化的鲜明特点，可在很大程度上提升受众对齐鲁文化的认知与审视，因此，微影像是增强齐鲁文化传播效果的一个利器。本文以“发现齐鲁”为主题，将齐鲁传统文化划分为十大类型：建筑、戏曲、工艺、风俗、饮食、礼仪、节庆、武乐、乡村、自然，进而探索齐鲁文化微影像化传播的方式和意义。

［**关键词**］齐鲁文化；影像传播；文化传播

齐鲁文化，源远流长。对齐鲁文化、齐鲁文明的传播研究既是一个老生常谈的老话题，也是一个常谈常新的新命题。新媒体时代，媒介影像传播得到了前所未有的重视，这就为齐鲁文化的传播带来了新的契机。

传播齐鲁文化，首先在于了解齐鲁，其次应当在文化认知过程中开展文化挖掘，最终落脚于文化认同。以此为基准，以齐鲁文化的传承与传播为主要线索，通过影像的形式来展现、发掘齐鲁文化的独特魅力和特点，即可极大地提升大众对齐鲁文化的认知、审视，提高传播效果。党的十九大报告中旗帜鲜明地提出国家要实施乡村振兴战略，建设新乡村便成为乡村振兴的题中应有之义，因此乡村和自然也就成为当前比较受关注的影像拍摄内容。因此，以“发现齐鲁”为主题，对齐鲁文化进行影像化传播，便成为齐鲁文化传播实践领域的一个不可多得的契机。经过研究，大体上我们可以把齐鲁传统文化划分为十大类型：建筑、戏曲、工艺、风俗、饮食、礼仪、节庆、武乐、乡村、自然。

我们认为，在当下新旧媒体不断融合的传播语境下，短纪录片或微视频是比较好的一种传播方式。原因是，相比于院线长纪录片而言，短视频制作比较自由灵活，制作成本低、时长短、传播速度快，操作便宜性高。在齐鲁文化的微影像传播中，可以从某一个小的点出发，将时长控制在5—15分钟，围绕某一个地方，某一段历史，甚至是某一座古塔、某一处山门等细微处讲一段与之相关的文化故事，通过影像形成一个个精练短小的故事，将齐鲁传统文化的特点和精髓呈现出来，进而将该段微影像通过像抖音一样的网络短视频播放平台播放，就会形成“星星之火可以燎原”的传播效果。

下面笔者就根据一些拍摄经历和体会，一起详细探讨如何运用微影像的方式来进行齐鲁文化的传播。

一、建筑之美——亭台轩榭，尽显精巧布局

建筑是我们首先要选择的内容。我们可以拍摄的齐鲁建筑非常多，根据笔者多年的经验和思考，关于当前齐鲁文化的微影像传播可以概括为19个视角：1.海草房　2.牟氏庄园　3.蓬莱阁　4.光岳楼　5.碧霞元君祠　6.石房子　7.墙院落　8.孔庙　9.岱庙　10.十笏园　11.栈桥　12.老舍故居　13.山陕会馆　14.周村古街　15.戚继光祠堂　16.崂山道教建筑群　17.老济南四合院　18.千佛阁古建筑　19.四门塔与神通寺遗址。

这些建筑是山东省所独有的传统文化，具有很高的研究价值和传播意义。比如海草房，在全国乃至全世界都是独一无二的，只有山东龙城还

保留着这种建筑样式。再比如说蓬莱阁、光岳楼，它们的背后承载了很多的人物和故事。在当前的文化背景下，我们去挖掘、整理，用影像的方式进行传播，是极具价值的事情。在这些建筑里，蕴含着非常丰富的文化信息。影像可以围绕“为什么如此建造？是怎样逐渐形成的？又是如何不断发展变化的？这些建筑样式，体现出了山东人怎样的性格特点、精神状态？”等思考对建筑进行挖掘和展现，与此同时，单就围绕这些建筑物本身的传播和呈现都是对传统文化的一种传承。

二、戏曲之美——生旦净丑，演绎悲喜人生

山东的戏曲种类也是非常丰富的，有很多戏曲都已经濒临失传和绝迹，亟须保护和传承。经过梳理，笔者认为可以选择拍摄的山东本土戏曲种类大体上可以包括19种：1.山东快书　2.山东大鼓　3.柳子戏　4.大弦子戏　5.山东琴书　6.莱芜梆子　7.一勾勾　8.枣梆　9.茂腔　10.吕剧　11.山东沤　12.五音戏　13.沂蒙小调　14.罗子戏　15.邹平大坡民乐　16.山东梆子　17.鼓子秧歌　18.宁津民间说书　19.山东柳子戏。在进行齐鲁戏曲的微影像拍摄时，我们需要沿着以下思路展开：在研究怎样拍摄之前，我们首先需要了解这些戏曲背后的文化知识，然后再思考如何用影像的方式来讲述这些戏曲文化。例如，山东快书这种传统曲艺，它所用的半月板是怎么来的？应该怎样打？这种传统曲艺又能体现什么样的齐鲁文化特点？这些戏曲所用的道具、服装、化妆、长白等都是什么样的？这些问题都是和当时的文化背景有关联的，通过戏曲，可以非常具体清晰地呈现我们的民族文化。我们如果按照一定的顺序或地域来逐渐拍摄，几年下来，就能积累一些丰富的拍摄经验，同时也能积累足够多的传统文化素材，这就是为齐鲁文化的传播贡献了自己的力量。

三、工艺之美——匠人匠心，巧同造化器物中

民间工艺是传统文化的重要体现，山东省内的民间工艺非常丰富，充分体现出齐鲁大地物华天宝、人杰地灵的特点。目前，笔者围绕齐鲁工艺进行初步研究，总结了约20种可以进行微影像拍摄的民间手工艺技艺，主要有：1.杨家埠年画　2.山东柳编　3.胶东剪纸　4.山东草编　5.淄川内画　6.聊城葫芦雕　7.德州黑陶　8.淄博陶瓷　9.鲁西南鲁锦　10.青岛贝雕　11.嘉祥石雕　12.山东琉璃　13.肥城桃木雕　14.菏泽面塑　15.济南鲁绣　16.威海金镶玉　17.潍坊风筝　18.聂家庄泥老虎　19.高密扑灰年画　20.郯城旋木玩具。

笔者曾经在开展中国民间工艺抢救工作时，进行过年画的影像记录。杨家埠年画是山东潍坊的民间工艺，在拍摄杨家埠年画时，笔者曾经在传承人杨洛书家里待过近一个月时间。在那次实地写生过程中，笔者了解到在我们之前，日本已经把关于杨家埠年画生产的院落、街道、生产工具等进行了影像拍摄，并且对相关数据都进行了尺寸测量。不得不说，日本人在文化记录方面的认真严谨是值得我们学习的，同时这也给笔者一个启发——我们也可以参考他们的方法来进行拍摄。除此之外，我们不仅要拍摄这些细节，更为关键的是，要深度挖掘年画背后的故事，要通过故事来吸引观众，通过背后的文化来增加内涵。此外，我们也可以通过影像记录的形式来进行学术研究，获得一些史料研究价值。

再举一例，高密的扑灰年画，笔者曾在当地住了20多天，因为如果没有足够的实地采风时间，很多细节是无法进行影像录制的。例如，按照当地的习俗，到了每年的腊月二十三这天，所有做年画的人都要停止做年画，这叫“结案”，然后年画人会到集市上买肉、馒头等来“祭案”，等到春节过后正月十五再“开案”。“祭案”的仪式，可以充分体现出手艺人对“案子”的一种敬重之心，比如祭案子的时候，馒头一个朝上一个朝下，意味着一个祭天，一个祭地。这样的细节，充分体现出山东人对天地的敬

重，也体现出齐鲁文化的特点。

四、风俗之美——喜怒哀乐，悲欢离合诉人间真情

每个地方都有自己的地方习俗和文化，了解和记录传统习俗能更好地了解和传播当地的传统文化。山东是一个非常典型的农业大省，是典型的农耕文化的代表，各个地方的风俗突出体现了农业文明的特点。山东是孔孟之乡、礼仪之邦，日常生活中的各种礼仪、习俗最能体现齐鲁文化的特点。所谓“十里不同风，百里不同俗”，山东民俗表现出自身的多样性、地域性。齐鲁两俗并存，互相影响却又自成风格。比较重要的习俗包括：1.春帖子 2.吃喜 3.放生 4.龙抬头 5.鱼灯节 6.咬春 7.春牛 8.回娘家 9.鲁西斗鸡 10.菏泽斗羊 11.淄博打铁花 12.曹州灯会 13.明湖踩藕 14.泰山石敢当 15.生育习俗 16.插柳植树 17.蓬莱大杆号 18.七月三十放河灯 19.上马饺子下马面 20.千佛山“九九”登高。

据不完全统计，到目前为止，还没有一个影像记录详尽地对齐鲁习俗进行完整呈现。我们认为，随着拍摄设备成本的逐渐降低，普通大众都具有拍摄条件，因此像抖音等自媒体短视频平台上都有很多关于地方习俗的短视频。随着社会现代化的进一步发展，很多传统的齐鲁习俗都日趋消逝，我们应当且必须用影像将这些文化民俗记录下来，只要有影像记录，这就存在人类学研究价值，同时对齐鲁文化演变研究也有极大价值。随着社会的发展，新出现的习俗是我们当前生活、精神状态的直接体现和反映，能更真实地揭示和呈现当前的生活状态，体现当前的文化特点，因此齐鲁新风俗也应成为我们微影像观照的一个点。

五、饮食之美——煎炒烹炸，尝尽人间百味

山东的饮食非常独特，且特色繁多。主要包括：1.山东煎饼 2.东

平糟鱼 3.周村烧饼 4.德州扒鸡 5.东阿阿胶 6.博山酥锅 7.葱烧海参 8.临清烧卖 9.泰山三美 10.九转大肠 11.济南甜沫 12.爆炒腰花 13.潍坊肉火烧 14.单县羊肉汤 15.烟台焖子 16.临沂牛肉糁 17.济南把子肉 18.利津水煎包 19.枣庄辣子鸡 20.孔府一品豆腐，等等。

例如，山东煎饼，山东人喜欢做饼，各式各样的饼，这种饮食和过去的农耕文化息息相关，是农耕文化的一种体现。为什么山东人会把饼做得这么大，就是为了在收麦子的时候节省做饭的时间。把大饼提前做好，到收麦子的时候，带到地里，既能当饭，还能当菜。这种饮食文化与当地的生产方式和生活习惯紧密相关，对这些齐鲁饮食特点的记录和传播，对于了解齐鲁各地域的文化具有重要参考价值。

六、礼仪之美——礼仪之邦，乐善好施，德行天下

礼仪是最能体现齐鲁文化的一种文化形式。例如“餐桌礼仪”，山东人吃饭宾客是分主次的，主宾、次宾、主陪、副陪等，都得按规矩来坐。在齐鲁之外的地方，吃饭的时候大部分都是随便坐，真正讲究座次的，山东算其中一个。为什么这样的餐桌礼仪会留下来？是什么原因产生这样的礼仪文化？这些都是值得我们去探讨，值得我们去发现的。

还有“敬酒”的方式，在齐鲁大地也是多种多样。敬酒的方式和程序是什么？敬完酒以后需要进行何种说辞？像这样的“敬酒”文化都是齐鲁文化在礼仪方面的载体，在一个个这种礼仪行为方式里面蕴含着齐鲁地方的不同文化，所以我们认为礼仪特别能代表山东文化。

除了上述所说的餐桌礼仪等生活礼仪，山东还有两大礼仪，就是婚礼和葬礼。婚礼和葬礼中的很多程序和行为都体现出山东的礼文化和孝文化。很多年轻人都不懂，也不理解这些礼仪，其实这些礼仪背后都是思想和精神的一种体现。如果能把这些礼仪拍摄记录下来，对于年轻人的思想文化教育是很有帮助的。

七、节庆之美——欢天喜地，舞动万家灯火

节庆是文化的重要体现方式，是一个民族的标志和印记。山东省拥有“自己的”节庆，是独特的山东文化的体现。现在年轻人不怎么过传统节日，反而热衷于过西方节日，这体现出我们的民族文化存在一定程度的衰退。我们需要将传统节庆的形式、内涵进行挖掘和呈现，以一种年轻人喜欢的方式进行传播，将我们的民族特色保持和传承下去。

比如山东的祭孔大典、潍坊风筝会、菏泽牡丹节、泰安东岳庙会、青岛啤酒节、微山湖荷花节、肥城桃花节、荣成国家渔民节、泰山国际登山节，等等。这些节庆，代表了人们对美好生活的向往和追求，体现出一种旺盛的生命力，是齐鲁精神的精彩体现。

八、武乐之美——知行合一，高山流水觅知音

武术和音乐是非常特殊的文化形式，体现出我们这个民族的独特性，尤其是武术，是我们民族独有的一种文化。

山东省内也有很多武术样式和门派，是非常值得我们去研究和探讨的。比如螳螂拳、文圣拳、孙膑拳、四通捶拳、形意拳、掌洪拳等。音乐方面，也有一些具有地域特色的音乐样式和风格。比如山东古琴、嘉祥唢呐、十不闲、柳琴，等等。

九、乡村之美——袅袅炊烟，最是乡情难却

发现山东乡村之美，旨在深入贯彻习近平总书记关于“中国要美，农村必须美，美丽中国要靠美丽乡村打基础”“绿水青山就是金山银山”的指示精神，加快农村生态文明建设。

古村落的保护和维修一直是国家非常重视的文化保护内容。随着现代工业社会的发展，传统的农耕社会的生活方式逐渐消失。事实证明，传统文化是中国文化的根基，中国有几千年的农耕文明，不可能完全抛弃掉。而古村落就是传统农耕文明的最好体现，是一个样板和标准。要保护好古村落，还要建设好新农村，实现现代与传统的和谐交融。农村和城市不应该对立，而应该和谐相处、共同发展。我们用影像来记录和展现乡村之美、乡情之美，正是为了保持乡土文化的本色，为城市文化提供更多的参照和借鉴。

山东省内有很多美丽的古村落，鲜明立体地呈现了传统农耕文明的风格特色。比如章丘朱家裕、临沂竹泉村、烟台里口山村、莱芜王石门村、微山南阳古镇、青岛凤凰村，等等。

十、自然之美

山东是旅游大省，有很多的名胜古迹，自然景色也非常美。对自然风光的拍摄也能体现出当地的地域特色。比如天下第一泉趵突泉、泰山、刘公岛、沂蒙山、日照黄海九寨沟、微山湖国家湿地公园、梁山、长岛、黄河入海口，等等。

除上述“十种分类”之外，山东文化也可以归纳概括为红色文化、共和国建设文化和美好生活文化三个大类，然后从历史发展的角度来梳理文化发展的脉络以及背后的社会根源。这种拍摄难度更大一些，需要更长的时间和更高的综合素质，可以作为今后追求的目标。

文化的传承与传播，不能仅仅停留在思想里、口头上，还要落到实处，如何落地是根本。我们可以联合电视台、宣传部等部门，一起申请文化保护和传承的项目，集合高校、宣传部门、文化部门、传媒公司等各种力量，群策群力、共同努力，将山东优秀的传统文化推向全国，推向全世界。

参考文献：

习近平：决胜全面建成小康社会 夺取新时代中国特色社会主义伟大胜利：在中国共产党第十九次全国代表大会上的报告［EB/OL］.（2017-10-27）. http://www.xinhuanet.com/politics/19cpcnc/2017-10/27/c_1121867529.htm.

（作者樊宇系山东广播电视总台高级编辑，山东省广播电视协会纪录片学术研究委员会副会长兼秘书长）

鲁剧现状与创新发展分析

李 超

[摘要] 把齐鲁文化简单理解为鲁文化，又把鲁文化理解为儒家文化这是一种认知的局限。以鲁剧为例，从20世纪80年代初山东影视剧制作中心创作的老“三连冠”时期（《武松》《今夜有暴风雪》《高山下的花环》），到后来的新山影体系（《欢乐颂》《琅琊榜》）的演变过程，可以看出齐鲁文化影像传播的发展脉络及特点变化，体现出影视创作者对齐鲁文化影像传播理解的演变过程。影视创作者应该结合当前的文化语境，寻找齐鲁文化新的价值观内涵，并找到与当前年轻观众沟通的关联点，从而创新齐鲁文化的影像传播路径，增强鲁剧的文化影响力。

[关键词] 齐鲁文化；影像传播；鲁剧；发展演变；创新路径

齐鲁文化影像传播是一个老话题，有一个经典现象就是由老鲁剧到新山影（山东电影电视剧制作中心，简称“新山影”）的现象。从20世纪80年代初山东影视剧制作中心创作的老“三连冠”时期（《武松》《今夜有暴风雪》《高山下的花环》），到后来的新山影体系（《欢乐颂》《琅琊榜》）的演变过程，可以看出齐鲁文化影像传播的发展脉络及特点变化，体现出影视创作者对齐鲁文化影像传播理解的演变过程。

一、鲁剧的发展演变及理解误区

通常我们对齐鲁文化的理解仅限于这样一个层面：齐鲁文化等同于儒家文化，体现家国情怀的儒家文化又占绝对优势。鲁派大剧、鲁派正剧才是真正的山东影视剧，这是传统的社会认知，也是对于齐鲁文化影像传播的一个基本认识。不管是在山东电视台《走四方》时期的纪录片拍摄，老影视剧制作中心的正剧、大剧的创作，还是新山影时期的新风格的新鲁剧时期，都有这样的认识存在。笔者曾经在2003年写过一篇关于电视剧《誓言无声》的评论，是从鲁剧的家国情怀的角度进行论述的。也曾在《人民日报》上发表了一篇文章评论新山影在2012年左右出现的一种新的创作倾向——《新鲁剧，新喜剧》。到2017年左右，在《文艺报》上发表了一篇关于电视剧《马向阳下乡记》的评论文章，开始对《马向阳下乡记》中体现的鲁剧风格进行深入研究。从2002年的《誓言无声》到2012年的新鲁剧，一直到评论《马向阳下乡记》的这篇文章，笔者对鲁剧的认识是：鲁剧从正剧到融入时尚和新奇元素，再到后来开始追求一种新奇美的类型意识。

在这个过程中，笔者的研究陷入一种误区，即一直在探索鲁剧的形式和表达演变，忽略了研究是在一种什么样的文化话语框架下来谈论的。很多人一直以为鲁文化或儒家文化是齐鲁文化的正宗，而笔者也是在鲁文化、儒家文化中分析它是正还是奇的不同表达，正和奇是中国传统哲学中非常重要的一对范畴。直到后来研究内容涉及莫言、张炜的小说，同样是齐鲁文化，这些小说却呈现出魔幻现实主义、浪漫主义的想象景象，他们的小说中的家国表达与正统的儒家文化有一定的区别。传统认识中，浪漫的、恣意的新奇幻象不是齐鲁文化或齐文化的专用术语，而是楚文化的典型表现。于是，笔者重新思考了齐文化的问题，发现影视工作者或者文艺工作者长期以来可能有一些价值认识的误区，忽略了齐鲁文化中的齐文化和齐文化中注重想象的特点。而事实上齐鲁大地几千年的文化积淀，从文本层面到影视层面都有想象这一特点的存在，比如说《聊斋志异》。

二、鲁剧在齐鲁文化表达中的局限性

鲁剧的提法由来已久，概念提出和凝固的过程透露出一个传统文化大省重塑文化身份的热切愿望。齐鲁文化的守成性众所皆知，守成性指的就是齐鲁文化中的保守性，家国文化、君子型人格的引领。守成性的好处是适合修齐治平、建构与担当，其不足是面对急剧变化的社会往往发生滞后。在新媒体时代，明者因时而变，话语身份的确立尤其需要对转型过程中的环境有清晰的认识，这就需要对现实世界做出先导性的描述，才能确立其鲜明的文化身份。鲁剧作为齐鲁文化的当代叙事形式，凭借传统叙事与主流叙事确立了自己鲜明的风格，但也有一定的局限性。传统鲁剧局限在两个层面：第一是传统叙事，第二是主流叙事。在时间关系上，是讲过去的故事，在空间关系上，是往中心找故事。这就意味着在社会关系中找主流关系，在时间关系中找传统关系。所以在今天这样一个急剧变化的时代，人们的社会身份、社会关系、价值观定位产生了剧烈变动，鲁剧衰落了。从2018年到现在，鲁剧已经三年不出大戏了，仍然延续原有题材的拍摄，比如《孙光明下乡记》，可以算是《马向阳下乡记》的续篇。鲁剧需要在价值观传达方面做一定的调整，才能重新找到自己的定位。

后来的新山影开始转向奇趣文化的表达，形成了以《欢乐颂》和《琅琊榜》为代表的奇趣文化风格。这种奇趣文化仍然是在鲁剧范畴之内进行的一种主流文化的表达，与纯粹的奇趣文化有一定的区别。《欢乐颂》是青年主流文化的表达，是青年脱离了家庭之后，在当代都市如何建立一种新的社会关系并形成新的价值观的表现过程。价值观要变为新的家庭关系、社会关系和新的财富关系，但归根结底是青年主流文化。《琅琊榜》里面主要是复仇文化，典型的君子复仇。这部电视剧在影像表达上确实有较大创新，影像上韩国化、人物定位上偶像化、cp（couple）文化，但是它的内核和影像是截然背离的，它的内核实际上是类似基督山伯爵的狭义复仇文化的表达，是忠君爱国主题的表达。那个君是代表人性和正义的君，反对的是那个已经脱离了人民和被权力腐蚀的君。鲁剧的奇趣文化风格指的是它的影像风格，它的内核还是在齐鲁文化、鲁文化的主流家国伦理文化的层面去表述。

三、鲁剧的创新性传播路径

在主流文化、主流价值的传播过程中，中国一方面在实践领域和国际事务中建立了影响巨大的政治架构，另一方面就是经济领域的“一带一路”倡议。很多的创作者特别想用技术影像和故事影像来进行“一带一路”主流价值观的表述，但是在共建“一带一路”的过程中，选择什么样的方式与其他国家发生碰撞与融合，这是一个特别难的课题。比如，如何在利比亚这样的国家传播中国传统文化？若给他们讲孔融让梨的故事，他们可能很难理解，但是换一种内容跟他们进行交流，他们就能理解。比如《媳妇的美好时代》这部电视剧就很受非洲观众喜爱。家庭是最基本的、最有凝聚力的生产单位，表现家庭文化的喜剧就很容易被他们理解和接受。如果讲述婆婆和儿媳妇之间的关系，就需要进行非洲本土化的改造。所以对于齐鲁文化的传播，不能仅限于鲁文化，还要有其他文化，即使我们表述为鲁文化，也要明确鲁文化、儒家文化中哪些内容能和我们要传播的区域的观众形成共鸣。

例如水浒题材的影视剧如何重新创作？需要进一步深入思考水浒题材如何与当下的社会语境相结合，找到新的价值内涵来进行传播。《水浒传》中的结拜文化接近于现代的契约精神，如果我们以传达一种契约精神为核心就可以重新讲述水浒的故事。宋代分封的王很多，导致他们侵占了大量的土地，他们还培养了大量的军队，需要庞大的军费。先富起来的一部分人有自己的社会交际圈，而那些底层的没有出路的人必然也需要结成一个联盟，于是有了水泊梁山的聚义。从上层的契约——柴家与皇家的关系，到下层的契约——梁山众兄弟的关系，这是整个水浒的文化。以往根据《水浒传》拍成的电视剧，都是在讲述一个正义的主题。实际上，《水浒传》中的英雄好汉不是随便为了什么人都可以付出的，而是优先考虑兄弟们的利益的。这就是一种新的角度。如果仔细分析，《欢乐颂》中有一种女孩之间的契约存在。兄弟契约到闺密之间的契约，其实没有什么本质的区别，它就是讲超越权力、家庭背景，超越财富身份的女性契约关系。再比如《琅琊榜》中的飞流，不仅仅是一个护卫，他童真、任性、耍帅，这种人物的视角显然是一种少年视角。换了一种视角就是换了一种价值观。少男少女特别重视纯真的情谊和儿童视角的契约关系，这种契约精神比较契合当下都市年轻人的心理状态和人际交往特点，所以比较容易被年轻人所接受。齐鲁文化中除了忠君爱国的价值观外，还可以挖掘出现代社会所需要的契约精神，可以算作齐鲁文化进行现代化传播的一种角度。

20世纪80年代的电视剧《高山下的花环》风靡全国，《高山下的花环》有这样两个情节：一个是梁三喜临死前，嘱托战友让家里人还账；第二个就是梁三喜的母亲从临沂老家到了前线，坚持拿出钱来替梁三喜还账。这两个情节都是伦理情节，是一种义务，梁三喜还钱、梁三喜的母亲还钱，都是一种社会契约。如果要重做《高山下的花环》这样的题材内容，必须要明确它最重要的点在哪里，比如这里面有孝的主题、反腐败的主题，这些是否能够赢得现在观众的关注，要慎重思考。赵冬苓编剧写过《小小飞虎队》的剧本，《小小飞虎队》中的人物在湖边插草为香，结拜为异姓兄弟，《小小飞虎队》播出时在少年观众中影响很大，也是抓住了儿童视角的契约关系。

山东省影视剧制作中心曾经拍摄过《孔繁森》的电视剧，如果要重新讲述孔繁森的故事就要考虑如何跳出单纯的儒家文化中家国文化叙事的角度，考虑如何与当前年轻观众的观看心理找到契合点。老版的《孔繁森》

更多的是从传统的儒家文化的角度来表现孔繁森如何奉献，如何舍己为人，也就是一种仁爱、悲悯、家国情怀。比如老版电视剧中有一个细节，孔繁森给藏族老阿妈暖脚的情节，充分体现出了一种尊老、敬老、忠孝的传统精神。那么今天再给年轻人讲孔繁森的故事，内容就需要调整，需要找到新的模式和角度来讲述这种英雄模范故事。调整的理由是"奉献"这种传统的齐鲁文化价值已经不能阐释、解释现在观众心中的困惑了。我们需要先找一个中间层面的内容与观众发生联系，然后再过渡到最终要表达的核心价值观。要在表达的内容和观众之间搭一座桥梁，解决和回答今天观众心里的困惑，否则价值观表达就是无源之水、无本之木。

《聊斋志异》中的奇幻元素非常值得关注，"怪"是可以拍的，比如《捉妖记》。怪是一种不明生物和奇异生物，从这个角度来讲述，《聊斋志异》中的那些小精灵们都可以表现。按照《捉妖记》的表现方式，把怪物处理成生物体的方式，去展现一个特别好的小精灵宇宙。张炜的儿童文学里就创造了各种各样的小动物，这些都是可以进行影像化的创造和展现的。

把齐鲁文化简单理解为鲁文化，又把鲁文化理解为儒家文化，这是一种认知的局限。即使是在鲁文化内部也存在很多个层面的表达，不仅仅局限于家国文化，仅仅从家国文化的层面去表述，恐丧失了与青年观众的关联点，比如可以用契约关系引出家国文化。例如电影《八佰》中几个散兵游勇最后特别令观众感动，不是因为他们的崇高目标而是因为他们与其他人的契约关系感动了观众。齐鲁文化中的齐文化还有很大可以挖掘和表现的空间，在它的浪漫主义色彩方面和奇幻元素方面都有价值观的创新空间。换一个角度，就可以创造出多彩的生命世界和生态主义的价值观表述。

（作者李超系山东师范大学副教授）

非遗音乐在短视频平台传播研究
——以抖音平台为例

贾庆萍

［**摘要**］近年来，字节跳动旗下的抖音APP（Application，应用程序）已经成为中国最大的知识、艺术和非物质文化遗产（简称“非遗”）传播平台，形成了非遗文化独特的短视频制作与传播生态，对传播、保护与活化山东省内“非遗音乐”起到了不可忽视的重要作用。音乐原本就是最容易触及情绪的文艺类型之一，作为非遗文化重要品类的非遗音乐，蕴含着祖辈对生老病死的态度，是我们感受祖辈情绪最直接的方式，也是传承优秀传统文化的重要载体。本文以“聊斋俚曲”“鲁南五大调”“鲁西南鼓吹乐”“菏泽弦索乐”四个国家级非遗音乐为例，分析山东省内非遗音乐在抖音短视频平台的传播现状，根据其特点和规律对非遗音乐传承人在抖音平台上进行专业的内容策划、生产与发布提出建议，助力非遗文化全媒体传播。

［**关键词**］非遗音乐；短视频；专业化；合理生存环境

截至2020年12月，我国网络短视频用户规模已达8.73亿，[①]以人均单

① 中国网络视听节目服务协会. 2021中国网络视听发展研究报告［R/OL］.（2021-07-08）. http://www.cnsa.cn/uploads/20210708/9040a5f9bc56e6fd690005818e087551.pdf.

日120分钟的使用时长超越了即时通讯。[①]如今，短视频不再只是娱乐的方式，而是逐渐深刻嵌入人们的日常生活。值得关注的是，早在2019年，抖音已经成为中国最大的知识、艺术和非遗传播平台。[②]截至2021年6月10日，1557个国家级非遗项目抖音覆盖率达97.94%，相关视频数量超过1.4亿，与2020年同期相比，2021年相关视频数量同比增长188%，累计播放量同比增长107%。[③]以抖音为代表的短视频平台，在非遗传播、保护与活化方面起到的作用日益显著。

现在，许多非遗文化脱离了百姓生活，成为专门传习的技艺，一些小众且地处偏远的非遗文化渐渐被大众遗忘，绚烂的非遗文化与现代生活渐行渐远，非遗项目的传承愈显艰难。其中，音乐类非遗由于特殊性，本身较少具有依赖物质形态承载的生产性与商品性，一些传承人较难借此改善经济状况，直接影响着传承人的传播热情。非遗音乐的生存背景已经发生巨大变化。[④]抖音作为一个出身于音乐短视频的平台，适合展现非遗音乐，有望在传播、保护与活化非遗音乐方面起到巨大作用，对吸引年轻一代对非遗的了解和好奇心，发掘非遗的文化和市场价值有重大意义。

因此，本文以“聊斋俚曲”“鲁南五大调”“鲁西南鼓吹乐”“菏泽弦索乐”四个山东省内已经被列入国家级非物质文化遗产音乐类名录的非遗音乐为例，聚焦抖音平台上非遗音乐传播，在抖音的搜索界面上，以“聊斋俚曲”“鲁南五大调”“鲁西南鼓吹乐”“菏泽弦索乐”为关键词搜索，分别选取点赞量排名第一和第二的两条视频进行综合性分析；再选取同样是国家级非遗，在抖音上已经取得优异传播效果的四个非遗音乐“蒙古族长调”“兴

① 中国互联网络信息中心.第47次中国互联网络发展状况统计报告［R/OL］.（2021-02-03）. http://www.cac.gov.cn/2021-02/03/c_1613923423079314.htm.

② 抖音短视频官方账号“抖音小助手”. 2019抖音数据报告［EB/OL］.（2020-01-09）. https://v.douyin.com/dx38vTN/.

③ 抖音文化官方账号“抖音文化站”. 2021抖音非遗数据报告［EB/OL］.（2021-06-11）. https://v.douyin.com/dxvWvtJ/.

④ 王捷.音乐类非物质文化遗产的保护［N］.光明日报，2012-11-17（12）.

国山歌”“川江号子”“上党八音会”，同样在抖音的搜索界面上，以“蒙古族长调”“兴国山歌”“川江号子”“上党八音会”为关键词搜索，选取点赞量排名第一和第二的两条视频进行对比分析；从发布账号类型、视频展现形式、视频制作质量等角度，探讨基于短视频平台的非遗传播究竟有哪些特征和机制，如何更好地利用短视频平台传播、保护与活化山东省内非遗音乐。

一、山东地区国家级非遗音乐项目在抖音上的表现统计

表 1　聊斋俚曲、鲁南五大调、鲁西南鼓吹乐、菏泽弦索乐在抖音搜索数据统计

非遗音乐类型	按点赞量排序	发布账号及粉丝量	账号类型	视频形式	视频制作质量	点赞量
聊斋俚曲	1	淄博文旅/15.3万	经认证的政府组织官方账号	淄博地区的非遗合集	高清、精致、专业	209
	2	听竹/9662	普通用户	记录乐队演员排练	清晰、非专业	190
鲁南五大调	数据量太少，不具有参考价值					
鲁西南鼓吹乐	1	齐鲁晚报/109.9万	经认证的主流媒体官方账号	男学生在校园宿舍阳台上的即兴唢呐演奏	清晰、非专业	312.1万
	2	曹州故事/3597	经认证的组织账号	村民吹奏唢呐及村庄景色剪辑	高清、专业	1.8万
菏泽弦索乐	1	锦绣前程/709	普通用户	随意记录舞台演出	清晰、非专业	202
	2	弦来乐才艺哥/1.5万	普通用户	随意记录舞台演出	不清晰、非专业	195

注：数据统计截至2021年9月28日。

（一）聊斋俚曲

聊斋俚曲，是流行于山东省淄博市的地方传统音乐，国家级非物质

文化遗产之一，生动地反映了封建时代晚期的人民生活，为群众所喜闻乐见，长期在当代社会中传唱，成为山东省一种独树一帜的群众性艺术形式。以“聊斋俚曲”为关键词在抖音内搜索，获取的相关内容特别多，但是大多是“聊斋”相关内容，而与“聊斋俚曲”非遗音乐关系不大。

按点赞量排序，排名第一的一条视频由“淄博文旅”（经抖音认证的淄博市文化和旅游局官方账号）发布，视频内容是包含聊斋俚语在内的淄博多种非遗项目的合集；视频制作手法专业，画面精美，画质高清。该条短视频点赞量209，该点赞量在抖音“非遗”项目中并不高。

点赞量排名第二的视频由账号“听竹”（普通用户，粉丝量9662）发布，视频内容是淄博聊斋俚曲戏《魂铸马鞍山》乐队练乐、演员练唱的排练记录；手机拍摄，画质清晰，未经剪辑包装。该条短视频点赞量190。

综上可知，在抖音上，对“聊斋俚曲”传播影响力比较大的一个是旅游政府部门官方账号，另外一个是“聊斋俚曲”传承组织内的工作人员自发传播。

（二）鲁南五大调

鲁南五大调又称郯马调，是活跃在山东省临沂市郯城县以郯城镇、马头镇为中心，余韵遍及整个鲁东南地区的传统音乐，国家级非物质文化遗产之一。多由一人演唱，以民间管弦乐器和瓷碟、瓷碗、竹筷等打击出节拍伴奏，旋律委婉轻柔、节奏徐缓平实、词句典雅大方。

以“鲁南五大调”为关键词，在抖音搜索，获取相关内容仅26条，而且其中2条视频出现重复高达5次，也就是说有效条数只在11条左右，而且点赞量普遍不高，按点赞量排序，最高的一条视频点赞36个，其他点赞量是个位数。所有内容都是普通用户上传，没有主流媒体或者官方账号的发布，由此也可以看出仅靠民间的原生态的记录和传播，非遗的声音是很难传播出来的。

（三）鲁西南鼓吹乐

鲁西南鼓吹乐是一种以唢呐为主奏的山东省传统民间器乐，过去多在婚丧嫁娶活动中演奏，具有较高的艺术价值，深受广大群众的喜爱。以“鲁西南鼓吹乐”为关键词在抖音搜索，相关内容很多，视频绝大多数由普通用户上传，记录了在婚丧嫁娶等场景下民间音乐演奏者的表演。

按点赞量排序，排名第一的一条视频由“齐鲁晚报”（经抖音认证的《齐鲁晚报》官方账号，粉丝量109.9万）发布，视频内容是在双子座流星雨划过的夜晚，鲁东大学一学生在宿舍阳台上吹唢呐助兴，由普通用户用手机即兴拍摄，加字幕简单包装，点赞量312.1万。

点赞量排名第二的视频由账号“曹州故事”（经抖音认证的菏泽市非物质文化遗产促进会官方账号，粉丝量3597）发布，视频内容是喇叭李庄村民吹唢呐、擦唢呐和村庄景色，画质清晰，剪辑包装专业，点赞量1.8万。

一方面，主流媒体、组织机构的官方账号对助力鲁西南鼓吹乐传播影响力较大；另一方面，婚丧嫁娶时的民间习俗是鲁西南鼓吹乐得以生存的基础环境，这些民间习俗的保留和延续是鲁西南鼓吹乐这类非遗音乐得以“原味传承”的关键。联合国教科文组织《保护非物质文化遗产公约》中特别强调，在开展保护非遗活动时，“应努力确保创造、延续和传承这种遗产的社区、群体，有时是个人的最大限度的参与”①。

（四）菏泽弦索乐

菏泽弦索乐通常由筝、琵琶、扬琴、如意勾四种丝弦乐器演奏，亦可加入软弓胡、坠胡、二胡等灵活组合、自由搭配，被誉为“东方的民

① 联合国教科文组织.保护非物质文化遗产公约［EB/OL］.（2006-04-09）. https://wenku.baidu.com/view/ca61e9f84a649b6648d7c1c708a1284ac950055d.html.

间交响乐”。多于年节、庙会、冬闲时期，在寺庙、院落等地演奏，旋律优雅柔美，和声浑厚动听，既有古色古香的风格，又有鲜明的地方色彩。以“菏泽弦索乐”为关键词在抖音搜索，相关内容较多，但是多是“菏泽”相关视频，真正属于“菏泽弦索乐”的内容只有13条左右。

按点赞量排序，排名第一的一条视频由名为“锦绣前程”（普通用户，粉丝量709）的账号发布，视频内容是在记录露天舞台上的演出，手机拍摄，画面略晃，画质清晰，未经剪辑包装，点赞量202。

点赞量排名第二的视频由账号“弦来乐才艺哥”（普通用户，粉丝量1.5万）发布，视频内容是记录民间露天舞台的演出，手机拍摄，画面晃动，未能清晰拍摄人物，未经剪辑包装，点赞量195。

在“菏泽弦索乐”的抖音平台传播中，民间达人和普通受众成为传播的主力军。

二、在抖音上获赞较多的国家级非遗音乐情况统计

表2　蒙古族长调、兴国山歌、川江号子、上党八音会在抖音搜索数据统计

非遗音乐	按点赞量排序	发布账号及粉丝量	账号类型	视频形式	视频制作质量	点赞量
蒙古族长调	1	长调－巴达荣贵－/19.7万	经认证的抖音音乐人	歌手在录音棚内演唱	高清、专业	18.7万
	2	牧民达西/342.8万	经认证的三农自媒体	演出者着民族服装在草原蒙古包前演奏三种非遗音乐	高清、专业	3.9万
兴国山歌	1	谢德明（民歌、客家山歌）/12.8万	经认证的抖音音乐人	演出者赤脚、扛锄、身着有地方特色的服装，在田间唱山歌	高清、精美、专业	1.9万

续表

非遗音乐	按点赞量排序	发布账号及粉丝量	账号类型	视频形式	视频制作质量	点赞量
兴国山歌	2	长根叔（兴国客家）/34.8万	普通用户	演出者在山涧溪流边演唱山歌	高清、精美、专业	1.3万
川江号子	1	唐朝发明家/309.8万	经认证的优质视频创作者	用动画形式讲故事的方式介绍了川江号子	专业、精致	9.3万
	2	非遗守艺人–曾娜/117.6万	普通用户	用视频资料素材和现实拍摄的方式混剪，加配解说词的方式，介绍川江号子	专业、精美	3.2万
上党八音会	1	皇城相府/25.8万	经认证的企业官方账号	表演者们身着古装在景区内老宅院里表演	高清、专业、精美	3627
	2	我们一起M烧饼/9.9万	普通用户	记录演唱者夜晚民间舞台上的表演	清楚、比较专业	3284

注：数据统计截至2021年9月28日。

（一）蒙古族长调

“蒙古族长调”词条搜索相关内容非常多，按点赞量排序，排名第一的一条视频由名为“长调–巴达荣贵–”（经抖音认证的抖音音乐人，粉丝量19.7万）的账号发布，视频内容是歌手在专业录音棚中演唱，固定镜头，画质清晰，拍摄主体清晰，收音专业。该视频点赞量高达18.7万。

点赞量排名第二的视频由账号“牧民达西”（经抖音认证的三农自媒体，粉丝量342.8万）发布，视频内容是三位演唱者，身着民族服装，在草原上的蒙古包前，表演马头琴、呼麦、长调三种非遗音乐，画面高清，移动镜头，拍摄较为专业。该视频点赞量3.9万。

两个账号都经过抖音官方认证，有权威背书，粉丝量大；两条视频的拍摄都比较专业，一条是在录音棚里演唱，一条是在草原上的蒙古包前演员着民俗服装围坐表演，均非舞台式的表演，都属于真实而接地气的方式，非常符合抖音平台的风格。

（二）兴国山歌

“兴国山歌”词条搜索相关内容非常多，按点赞量排序，排名第一的一条视频由名为“谢德明（民歌、客家山歌）”（经抖音认证的抖音音乐人，粉丝量12.8万）的账号发布，视频内容是演出者赤脚、扛锄、身着有地方特色的服装，在田间唱山歌，画面精美、剪辑包装专业。该视频点赞量1.9万。

点赞量排名第二的视频由账号“长根叔（兴国客家）”（普通用户，粉丝量34.8万）的账号发布，视频内容是演出者在山涧溪流边演唱山歌，画面精美，拍摄剪辑专业，该视频点赞量1.3万。

这两个账号，一个是经过抖音官方认证的音乐达人，一个是大粉丝基数的“兴国山歌”歌手，都是更新频率稳定、内容垂直、非常有影响力的大账号。两条视频的画面都比较精致；表现形式方面，一条是演唱者赤脚、扛着农具在山间地头演唱，一条是以抠像的方式把演唱者放在溪流山涧中，两条视频中演出的场景、服装及整体形象都非常符合兴国山歌的风格。视频拍摄、剪辑手法专业，演唱者表演专业，服、化、道非常符合山歌风格，非常值得我们借鉴学习。

（三）川江号子

“川江号子”词条搜索相关内容非常多，按点赞量排序，排名第一的一条视频由名为“唐朝发明家”（经抖音认证的优质视频创作者，粉丝量309.8万）的账号发布，画面内容是用动画形式讲故事的方式介绍了川江号子，画面精致，制作专业，故事幽默、妙趣横生，拉近了非遗与用户之间的距离。该视频点赞量9.3万。

点赞量排名第二的视频由名为“非遗守艺人－曾娜”（普通用户，粉丝量117.6万）的账号发布，视频内容是用素材和现实拍摄的方式混剪，加配解说词的方式介绍川江号子，拍摄剪辑包装专业，画面精美。该视频点赞量3.2万。

这两个账号同样一个是经过抖音官方认证的优质视频创作者，一个是大粉丝基数的专业视频制作者、非遗传播者；两个视频内容的制作都是专业级的手法，非普通用户所能完成，当然传播效果也非常好。

（四）上党八音会

“上党八音会”词条搜索相关内容非常多，按点赞量排序，排名第一的一条视频由名为“皇城相府”（经抖音认证的山西皇城相府文化旅游有限公司官方账号，粉丝量25.8万）的账号发布，画面内容是表演者们身着古装，在皇城相府（又称午亭山村）景区内老宅院里进行表演，画面精美，拍摄剪辑专业。视频点赞量3627。

点赞量排名第二的视频，由“我们一起M烧饼”（普通用户，粉丝数9.9万）的账号发布，视频内容为记录演唱者夜晚民间舞台上的表演，手机固定镜头拍摄，虽然未剪辑包装，但是拍摄主体清晰，画质清晰，收音良好，点赞量3284。

两个账号一个是企业官方账号，一个是普通用户账号，共同点为都是有粉丝基数的大号；视频展现形式一个更专业化，一个更接地气，制作形式都符合抖音传播风格。

三、如何用好抖音平台传播非遗音乐

通过对比，我们发现以下规律。

1.音乐类“非遗”项目在抖音上的传播，还是要以“非遗”传承人、民间“非遗”传承组织为主力军，政府机构的官方账号往往整合地方文艺和组织资源优势，针对特定非遗项目建立相应合集，对内容进行聚合、提炼和序化。政府机构的积极策展能够带动更多非遗传承人和普通民众参与非遗传播，赋予非遗传播创新在文化政治意义上的合法性。然而，尽管很多相关政府机构在抖音注册了账号，但真正持续进行优质内容输出并产生较大文化影响力的只有少数典范。另外短视频平台上形成声量，需要大量的活生生、有个性、有温度的个体创作，远比政府官方账号单一传播效果更好。但是，个人账号要想有影响力，需要在政府机构和文化部门的牵线或协助下，与抖音平台合作，建立大量被抖音官方认证的个人账号。

在“蒙古族长调”“兴国山歌”“川江号子”“上党八音会”的抖音传播中，我们可以明显看到，点赞量排名第一、第二的8个账号中有5个都是经过抖音认证的账号，或是音乐人，或是三农自媒体，或是优质视频创作者，或是企业官方账号；有3个普通用户，其中有1个在账号介绍中明确提到创作者就是非遗传承人，有一个是有9.9万粉丝基数的大账号。非常明显，经过抖音认证过的账号更容易产生影响力。因此，山东非遗要想在抖音上有好的传播效果，要让更多的非遗传承人或者非遗传承组织，有能力、有资历去与抖音官方合作，开官方账号，经过抖音平台的认可，有信用背书的账号才能吸引到更多的受众，从而更好地传播非遗项目。

2.视频内容的制作要走更适合短视频平台的专业化的道路。短视频平台的专业化并不是传统意义上的大剧场、大舞台、大场面，拍摄设备也不是非要轨道、摇臂、航拍和高端摄像机，而是从表演形式和视频制作形式上下功夫。

表演形式要还原适合该非遗项目的场景，以更接近原生态的方式去展现该非遗项目。例如，蒙古族长调的表演者身着民族服装，身处草原蒙古包前；兴国山歌的表演者穿着旧时农民农忙时的短褂、短裤，身上打着补丁，肩上扛着锄头，身处山间地头。类似的场景都更容易让受众感受到非遗音乐传递出的情绪感染力，音乐原本就是最容易触及情绪的文艺类型之一，当表演者身处特殊的场景进行表演时，受众更容易发挥想象力，想象自己身处其中，感受到音乐所传递出来的感情，例如，蒙古族长调让受众感受到草原的辽阔，兴国山歌让受众体验在美丽的山间，有田有锄，愉快劳作、自食其力，生活前景有望的愉悦。

视频制作要尽量精致化。我们看到“蒙古族长调”“兴国山歌”“川江号子”“上党八音会”四个项目在抖音上获赞数排名前二的8条视频，无一例外，都是专业化的视频制作，虽然没有一个用到航拍、摇臂、电影机，但是至少是高清画质，拍摄、剪辑、包装手法都是专业化水平。而山东地区“聊斋俚曲”“鲁南五大调”“鲁西南鼓吹乐”“菏泽弦索乐”四个国家级音乐类非遗项目在抖音上获赞数排名前二的6条视频，质量参差不齐，6条视频中有4条都是非常业余且非高清的手机拍摄，镜头晃动、画面杂乱，制作水准只是普通人记录生活而已。非遗音乐在短视频领域的专业可以借助MCN（Multi-Channel Network，多频道网络）机构的力量，或者说是参考MCN机构的管理形式。MCN机构作为媒介运营机构可以在非遗内容策划和发布方面发挥重要作用。MCN机构相当于专业内容生产者的经纪管理公司，专注于非遗短视频生产和传播的MCN公司，往往由其专业团队为特定非遗及非遗传承人打造内容合集，或协助特定非遗传承人发展短视频自媒体，实现专业制作、粉丝运营和商业变现等，能够促进非遗在文化和经济层面的增值。MCN机构的专业内容策划与发布往往致力于孵化非遗IP（Intellectual Property，知识产权），将传统非遗与现代流行文化融合创新，延伸产业链价值，形塑品牌影响力。

引导与鼓励非遗音乐传承人在抖音上进行专业的内容策划、生产与发布，可以独立进行，也可以和政府机构及短视频平台合作，或者签约MCN机构，有些甚至成为“网红”。非遗音乐传承人可以将其短视频与非遗音乐相关的生活故事讲述与文化技艺展演相结合，将他们的生活和工作空间作为展演的舞台，甚至以直播的形式表演非遗音乐，让更多人感受到非遗音乐的魅力。

3.“取其精华，去其糟粕”，适当保持民间婚丧嫁娶传统民俗，保留非遗音乐原本产生的环境、生存的空间，为非遗音乐营造一个“人工—自然环境”，一个合理的生存环境，对保证音乐类非遗的“原味传承”至关重要。当传统民俗都不在了，非遗音乐必然难以为继，即使被保存在博物馆、艺术馆、影像画面和课堂与教科书里，后人也很难感受到其中充满活力的原生态的艺术魅力了。

抖音首席执行官张楠表示，让每个人在繁忙的生活、工作间隙多看一眼非遗，这是对抗遗忘最有效的手段，也是抖音发起“非遗合伙人”计划等活动时最初的想法。[①]通过加强流量扶持、提高变现能力、打造非遗开放平台及开展城市合作等方式，培养年轻一代对非遗的了解和好奇心，发掘非遗的文化和市场价值。2020年4月，抖音推出首张非遗音乐专辑《国韵潮声》，将民族传统音乐和流行音乐融合创新，使专辑兼具古典与现代、中国与西方的审美文化趣味。

短视频平台具有在媒介场域中组织和分配资源、技术、资本和流量的优势，将“文化想象、技术架构和商业模式持续和复杂地缠绕在一起”[②]，是非遗参与文化的基础设施和核心力量。在这些非遗音乐里，蕴含着我们的祖辈对人一生中生老病死的态度，对人一生中悲欢离合的体悟，是我们感受祖辈情绪最具感染力的方式，也是为数不多的感受他们情感的方式，非遗音乐值得我们更努力地保护。

（作者贾庆萍系山东传媒职业学院影视制作系主任）

① 李平.抖音“非遗合伙人”计划上线 全国招募50名传承人［EB/OL］.（2019-04-16）. https://it.gmw.cn/2019-04/16/content_32748457.htm.

② VAN DIJCK J，POELL T. Social Media and the Transformation of Public Space［J］. Social Media + Society，2015，1（2）.

媒体融合背景下现实题材“鲁剧”创作探析*

李苗苗

[摘要]20世纪80年代，由山东影视制作中心制作（简称“山影”）播出的《武松》《高山下的花环》《今夜有暴风雪》等电视剧连续三年获得飞天奖、金鹰奖，奠定了“鲁剧”品牌化创作的根基；2016年，都市职场女性剧《欢乐颂》成为网络爆款，“山影出品必属精品”被写入山东省政府工作报告，以齐鲁文化为根脉，山东影视创作形成了鲜明的地域文化特色和现实主义创作风格，植根齐鲁大地的“鲁剧”成为深入人心的影视品牌。2014年媒体融合上升到国家战略层面以来，现实题材影视剧的创作日益受到政策引导和市场的追捧，但是雨后春笋般出现的“现实题材”影视剧，尤其是网络影视剧却出现了“悬浮”“伪现实”等创作弊端，本文研究梳理了现实题材鲁剧的创作特点与规律，以为影视精品内容创作提供可资借鉴的有益探索。

[关键词]山东影视制作；齐鲁文化；鲁剧；影视品牌

现实题材电视剧是一种反映社会现实生活的影像形态，是电视剧观照

* 本文为2021年度山东省人文社会科学课题《“网络鲁剧”高质量创新型发展研究》（立项号：2021-YYYS-14）阶段性成果。

现实、紧密联系生活实际，并能够对社会产生巨大影响力的电视剧创作类型，历来受到电视剧创作者的重视。党的十八大以来，国家出台了一系列政策文件，强化了对影视创作的指导与规范。2017年9月，中华人民共和国国家新闻出版广电总局、发展改革委、财政部、商务部、人力资源和社会保障部等五部委联合下发了指导电视剧繁荣发展的《关于支持电视剧繁荣发展若干政策的通知》，提出坚持以社会主义核心价值观为引领，着重扶持重大革命和历史题材、现实题材、农村题材；2018年全国艺术创作工作会议上现实题材作品创作被列入了艺术创作规划重点；尤其是2018年10月，中国共产党召开了具有划时代意义的第十九次全国代表大会，在产业布局中进一步强调了文化产业的发展方向，并提出了"以人民为中心"的创作方向，为现实题材电视剧创作创新发展提供了政策导向，是现实题材电视剧创新发展的积极推动力。

从20世纪80年代，由山东影视制作中心制作播出的《武松》《高山下的花环》《今夜有暴风雪》连续三年获得飞天奖、金鹰奖，到《欢乐颂》成为网络爆款，再到"山影出品必属精品"被写入山东省政府工作报告，以齐鲁文化为根脉，山东影视形成了鲜明的地域文化特色和现实主义创作风格，植根齐鲁大地的"鲁剧"成为深入人心的影视品牌。尤其是2014年媒体融合上升到国家战略层面以来，鲁剧的现实题材创作为影视精品内容创作提供了可资借鉴的有益探索。

一、以强烈的文化使命感推动现实题材电视剧创作创新时代主题

电视剧除了具有商业属性，更要承载艺术作品的社会价值，这是创作者孜孜以求的文化使命，通过影视文化产品传播中国文化，讲好中国故事，是当代影视创作者的文化使命。

将正向的精神立意不着痕迹地融入作品之中，彰显时代特征，反映社

会实际，“真实地再现典型环境里的典型人物”①，让观众获得暖心励志、神清气爽的精神浸润。无论何时，宏观的社会图景与微观的个体命运总是彼此映衬、互相影响。社会的沧桑巨变与人生的波澜起伏，二者的互文性诠释不仅是洞观社会生活与人性深度的绝佳视角，也为电视剧的戏剧性提供了兼具历史真实和艺术真实的原生动力。在这个命题之下，2018年摄制的《大江大河》以小人物的奋斗群像描摹改革开放的伟大历程，用主人公的奋斗历程、人生命运，讲述了我国从1978年开始的一系列改革壮举，和改革中人们的果敢与迷茫、孤勇与坚忍、卑微与伟大，以及时代洪流中命运的复杂性。作品用三个人的命运互为支点，撑起改革开放的全景视角，主人公的人生轨迹，是中国社会城市、乡村两个领域的主要经济形态——国有经济、集体经济和个体经济的发展变迁的轨迹，主人公的个人经历和所处的行业领域的变迁，是整个社会发展立体化的呈现。主人公的命运与时代的命运、国家的命运“聚变”在一起，释放出社会改革深层巨大能量，让观众赞叹于时代洪流波澜壮阔的磅礴之力。

二、站稳人民性立场创新叙事策略

现实题材电视剧有的源自真实事迹，有的源自对社会现象的观察，有的源自对小众群体的现实观照，有的源自对新锐领域的深度挖掘，面对繁多的创作素材，在创作中坚守人民性的立场，坚持现实生活是创作的起点而不是终点，在现实生活中提炼出其所代表的社会思潮，塑造有代表性、时代感的典型人物，这是现实主义最重要的要求，也是现实题材电视剧创新发展的最重要的要求。

在2018年3月20日第十三届全国人民代表大会第一次会议上，习近平总书记指出：“人民是历史的创造者，人民是真正的英雄。波澜壮阔的中

① 闫伟.浅谈现实题材电视剧创作需要处理好的几个关系：以纪念改革开放40周年献礼剧为例［J］.中国电视，2019(4)：89-91.

华民族发展史是中国人民书写的！博大精深的中华文明是中国人民创造的！历久弥新的中华民族精神是中国人民培育的！中华民族迎来了从站起来、富起来到强起来的伟大飞跃是中国人民奋斗出来的！”电视剧作为时代的镜像，选择“小人物、大时代”的叙事策略，以小人物、小家庭的历史书写大时代的变革，从普通人、小角度切入，以小见大地反映时代的变迁，让观众在环境背景的高度还原和深度沉潜中有所体察顿悟，是现实题材电视剧创新发展的突破。例如山影集团制作的一系列引起强烈反响的作品《闯关东》《沂蒙》《马向阳下乡记》《安居》等，从来不回避我们生活当中的矛盾，也不回避我们生活当中存在的发展短板，但是整个作品的基调始终是主流的、向上的、健康的，是引领观众向前的。例如表现第一书记扶贫工作的电视剧《马向阳下乡记》，剧集没有回避部分农民身上存在的狭隘的东西，而是以轻松幽默的“村斗戏”表现了第一书记开展工作的种种现实困境，这些困境在主流的框架当中得到化解的同时，体现出人民的智慧和时代的精神。现实生活每时每刻都在发生着令人欣喜的变化，为影视创作提供新的题材、人物和主题，透过现实题材演绎伟大的时代，山影的这种创作特色逐渐发展为以“温暖现实主义”为标签的“鲁剧”品牌，从市场的角度再次证明了坚持人民性立场是现实题材创作创新发展的基石。

三、类型创新呼应审美流变

伴随着电视剧传播生态的剧变，现实题材电视剧的审美追求随着年轻观众数量的增长向青年一代的审美需求靠拢。受美剧的影响，近几年观众的审美发生了变化，喜欢快节奏地叙事和直截了当的人物关系。这使得现实题材电视剧在创作中尽量抛开宏观叙事，而把故事的核心置于人的矛盾情境中，将观众的关注点聚焦于人身上，从而展现出更为直接的对人的观照。传统叙事中人物的生存背景、隐蔽的行为动机、深层的心理奥义被尽量地淡化，人物的反应与动作被重点描画，从而让观众产生快节奏的“爽”感。例如电视剧《马向阳下乡记》中对主人公马向阳的刻画，以都市雅痞的形象重塑扶贫干部的传统形象，将扶贫干部在实际工作中的实践以“村斗”的类型叙事强调其戏剧性冲突，用“爽”设定包装主旋律作品，紧扣这几年观众的审美变化。

受发端于网络的青年亚文化的影响，青年受众普遍具有较高的审美需求，长期沉浸在虚拟世界中，喜欢幻想，对于爱情、生活怀有超越现实的美好期待，很容易混淆现实世界和虚拟世界之间的界限，而所有这些心理需求又很容易投射到那些现实中通过社交网络传播各种伪现实街拍照的高颜值明星或“网红”身上，通过对于他们的追捧和崇拜满足自身对于理想化人格和魅力的追求。因此，选择高颜值的明星演员，在气质风格上年轻化、浪漫化、唯美化，成为现实题材观照和迎合青年亚文化的重要手段。例如《如果岁月可回头》《海上嫁女记》等，在演员的选择和舞美设计上迎合了青年观众对高颜值的需求，精致的妆容、奢华的场景设计均是符合年轻人审美气质的走向。这样两部在颜值气质风格上无限接近都市偶像剧的现实题材剧，聚焦的是青年人面对现实问题的困惑和选择，并以符合青年人审美方向的人物为载体承载着社会话题和主流价值观的选择。主流文化的表达变得更容易被青年一代接受，某种意义上来说，对青年亚文化的迎合正在形塑以青年生活为主要表现对象的现实题材电视剧的颜值气质风格，使之成为更容易被青年接受并影响青年的文化产品。而从创作层面来讲，剧集的环境背景、语境的设置很具有时代感，展现出中国的日益强大与时代的变迁。借助“留学”“创业”等社会现实，映射出中国社会的发展与变革，具有较好的现实性，也使得作品从类型上探索了类型剧集的破界融合，突破了时下电视剧常见的套路化和陈旧感叙事，给人带来新意、引发观众思考。

综上，党的十九大以来，新时代社会主义文化建设已初显成效，国家层面的政策引导和文艺创作的整体蓬勃发展，推动了现实题材电视剧创作的繁荣。“鲁剧”紧跟时代前进方向，探索艺术创新之路，创作者以清醒的文化自觉深入群众、体验生活，以现当代生活中的热点事件为创作素材，以现实主义的创作方法抒写具有时代精神高度和深度的中国故事，体现出现实题材电视剧传递真善美、传递向上向善的价值观的永恒价值追求，也为影视精品内容持续输出能力的提升做出了有益的探索。

（作者李苗苗系山东传媒职业学院影视制作系副主任）

浅谈齐鲁文化视角下乡风文明建设影像创作的当代价值

王　檬

[摘要] 乡风文明建设是社会主义精神文明建设的重要内容，不仅是提升农村社会文明程度的有效方式，也是实现农业、农村、农民现代化的重要保障。当前我国农村经济发展有了明显的提升，但精神文化生活发展滞后，这已经成为影响乡村振兴的重要因素。加强乡风文明建设在提升农民的知识文化水平、道德水准和法治素养的同时可以通过齐鲁文化视角下乡风文明建设影像的创作为农民的生活补足精神食粮，既弥补了“精神短板”，又可以让齐鲁文化的价值传递得到最大化的体现，满足农民对美好生活的向往，提升农民的精神文化生活质量，促进农村社会的和谐稳定，利用影像正确引导传播社会主义核心价值观，能够提升农民的思想政治素质，使农村社会形成睦邻友好、安定有序、和谐友爱的生活环境，对实现社会主义新农村的建设具有重要的价值和意义。

[关键词] 乡风文明；齐鲁文化；影像；价值意义

乡风文明建设是社会主义精神文明建设的重要内容，也是社会主义新农村建设的重要课题。从我国“十一五”规划纲要把乡风文明建设置于国家宏观战略之中，尤其是习近平总书记提出实施乡村振兴战略以来，乡风文明建设不仅是提升农村社会文明程度的有效方式，也是实现农业、农村、农民现代化的重要保障，更为乡村振兴战略的有序推进提供了可靠保障。

齐鲁文化一直以来被认为是中国文化最重要的组成部分之一。齐鲁文化具有包容开放、多样互交的特点，内陆文化与海洋文化并行的局面，让齐鲁文化家国情怀与社会责任感的主题特别突出。

党的十八大以来，习近平总书记就关于加强乡风文明建设提出了新目标、新要求和新思想，明确了新时代背景下农村精神文明建设的目标任务和基本要求，对加强新时代乡风文明建设提供了思想指南和实践方向。在此背景下进行齐鲁文化视角下乡风文明建设的影像创作无疑是践行乡村振兴战略的有益助力。广义上讲，精神文明是人们在改造世界过程中形成或创造出来的精神文化成果的总和，既包括教育、科技、文化、体育等各类“有形”事业，也包括不同时期人们的思想道德、理想信念、文明风尚、组织纪律等“无形”表达。作为人类文明的先进形态，社会主义精神文明建设就是要发展先进教育、科技、文化、体育等事业与加强公民思想文化道德建设，繁荣社会主义先进文化，提升公民的整体素质。农村精神文明是社会主义精神文明的重要组成。农村精神文明建设主要包括农村公共文化服务体系完善、农民思想道德提升、优秀农耕文明传承、人居环境优化、科学文化素养提升等内容，根本目的是提升乡村社会文明程度，提升农民的精神文化风貌，促进农业、农村、农民的全面发展。作为农村精神文明建设的重要组成，乡风文明不仅侧重于乡村社会的信仰、风俗、操守、传统、礼节、习惯等文化习性与行为方式的综合，也表现为乡村社会农民整体思想政治觉悟、教育文化水平、科学知识素养、公民道德品质等。

党的十九大报告指出：“要提高人民思想觉悟、道德水准、文明素养，提高全社会文明程度。”步入新时代，加强乡风文明建设有着具体的新要求、新目标、新任务。一是不断加强农民的思想政治觉悟。政治性与意识形态性是任何文明不能规避的问题。当代中国的乡风文明建设需要坚持正确的思想政治方向。因此，新时代加强乡风文明建设，也需要坚持把习近平新时代中国特色社会主义思想和党的十九大精神引入农村、送入农家、走入民心，引导广大农民群众信赖党、拥戴核心，促使农民群众爱党、爱国、爱社会主义，坚定中国特色社会主义道路自信、理论自信、制度自信、文化自信。这在齐鲁文化价值体系中一直体现得尤为明显，《红高粱》《大火种》《北方有佳人》《沂蒙》等一大批影视作品能够凸显地域特点，追随主流，体现了价值引领和艺术的创造性与影响力。二是全面提升农民的知识文化水平。毋庸置疑，乡风文明是推动我国乡村振兴的精神支撑。实现乡风文明，就是要建设知识文化水平高、具有科学精神与科学知识的新型农民，就是要弘扬时代新风，抵制腐朽落后文化侵蚀，积极培育有文化、懂技术、会经营、高素质的新型农民，为乡村振兴战略实施增添动力，努力提高乡村社会的知识文化水平。创作乡风文明建设的影视作品能够拓宽提升农民知识文化水平的途径和渠道，提升“学习型农民”的学习兴趣。三是继续提高农民的道德水准。乡风文明体现为公民的道德品质，加强乡风文明建设影视作品创作就是要全面提升农村公民的道德水平，全面提升新时代农民的社会公德、家庭美德、个人品德，努力把社会主义核心价值观转化为人们的情感认同和行为习惯，激励农民向上向善、孝老爱幼，努力提高乡村社会的思想道德水平。四是深入增强农民的法治素养。法治素养是新时代新农民的基本素养，也是乡风文明的重要内涵。新时代加强农村精神文明建设的一项重要任务就是要增强农民对宪法和各项法律法规的学习理解，引导农民自觉尊法学法守法用法，不断强化法治观念和规则意识，依法表达诉求、解决纠纷、维护权益，努力提升乡村社会的法治化水平。按艺术创作角度讲，影像的宣传效果会更直接、形象，普及性更广，适用人群也更多。法治素养、家国情怀与社会责任的素养提高会体现得更突出。五是努力营造农民良好生活环境。党的十九大报告进一步突出强调构建美丽乡村。美丽乡村是人们精神文明生活的具体化表现，反映了农民文明素质的提升。重视乡村文明建设，根本体现为建构农民宜居生活环境，这是新时代乡风文明建设的重要内容。总而言之，乡风文明是指“在完善的乡村基础设施上，一群有高素质、高文化的新型农民群体，建构起乡村崇尚传统文化、崇尚科学文明的社会风气，形成符合时代特色的家庭伦理关系、邻里关系、党群关系，树立进步的思想意识与道德观念，继承和发扬创新传统文化产业”。

中国特色社会主义进入新时代，也对社会主义新农村建设提出了新任务、新要求。作为推进乡村振兴战略的重要内容，新时代加强齐鲁文化视角下乡风文明建设影像创作具有重要的意义。

首先，有利于补足乡村振兴的“精神短板”。乡风文明建设是乡村振兴战略中的重要组成，当前我国农村经济发展有了明显的提升，但精神文化生活并没有及时跟上，农村文化发展滞后，形式单一，农民生活中的精神文娱活动良莠不齐，这已经成为影响乡村振兴的重要因素。因此，加强农村精神文明建设，激发农村的精神文明文化活力，补足乡村振兴的“精神短板”，对提高农民文化水平，提升农民综合素养，促进生态宜居、和谐安定、生活富裕的乡村环境都有重要的意义。

其次，有利于满足农民对美好生活向往的需要。近年来，随着农村经济的迅猛发展，农民对物质精神文化的需求更加多样化、个性化，而农村公共文化基础设施相对落后，精神文化活动开展得比较少，有些个体农民在道德素养、社会主义集体价值观念等方面意识淡薄，有些农民对科学文化接受度较低，对祖辈经验和封建迷信等还有较高的认同度。当前提升农民综合素养的宣传方式也比较单一，内容缺乏吸引力，这些都影响了农民的精神文化生活质量。因此，加强农村精神文明建设的根本出发点就是要满足农民在精神文化领域的美好需要，丰富农民的精神文化生活，齐鲁文化影像传播可以很好地提升农民的精神文化生活质量。

再次，有利于促进农村社会的和谐稳定。推进乡风文明建设就是要营造淳朴友善、和谐安定的农村文化生态。经济社会发展过程中会产生各种风险矛盾，利用影像传播进行正确引导，能够提升农民的思想政治素质，使农村社会形成睦邻友好、安定有序、和谐友爱的生活环境。齐鲁文化视角下的影像创作在内容选取上可以涵盖习近平新时代中国特色社会主义思想、社会主义核心价值观、民族精神与优秀传统文化等。在形式上，可以选择有关社会公德、家庭美德和个人品德教育的个人和事件。组织创作群众喜闻乐见、反映社会文明风尚的文艺作品，能够转变农村文化生活方式，增强农村文化的生机活力，是激发道德养成、传播主流价值、挖掘农村精神富矿、全面提升农民文明素养的好方法。

参考文献：

[1] 王坤.新时代乡风文明建设的内涵和重要意义论析[J].河北农机，2019(9)：120-121.

[2] 李泽璐.乡村振兴视域下乡村文化建设路径研究[D].石家庄：河北师范大学，2020.

（作者王檬系山东传媒职业学院影视制作系讲师）

论创新设计理念在非物质文化遗产保护与传承中的具体实施

——以沂蒙非遗“荷衣”为例

韩　锐

[摘要] 非物质文化遗产（简称“非遗”）的保护和传承已经成为当下社会文化建设的一项重要任务。山东沂蒙地区非物质文化遗产的保护与传承不是单一领域所能解决的问题，这需要应用多个学科领域的知识进行协同共创，对非物质文化遗产的创新设计理念和实施方法进行研究，有利于非遗文化的保护、传承和形式多样性的延展。在研究过程中要关注沂蒙的社会历史发展特点和民俗艺术现状，借助于新材料、新技术、新手段，用人民喜闻乐见的形式和手法，对非遗文化进行更加形象化、细节化、视觉化的传承。本文以沂蒙非遗“荷衣”为例，针对如何将创新设计理念具体实施在“荷衣”的保护与传承上进行研究，通过对新材料、新工艺、新技术的探索，以更好地将沂蒙地区的非遗文化以更多的形式传承和保护下去。

[关键词] 创新设计理念；非物质文化遗产；实施；沂蒙非遗；荷衣

非物质文化遗产是一个国家、一个民族悠久历史和灿烂文化的重要见证，非遗保护与传承的水平是衡量一个社会文明发展水平的重要标志，当下我国的非遗保护日益受到重视，各类创新创意活动层出不穷。

《中共中央关于制定国民经济和社会发展第十四个五年规划和二〇三五年远景目标的建议》中明确提出到2035年要建成文化强国的远景目标，并强调在"十四五"时期推进社会主义文化强国建设。正所谓"文化兴则国运兴，文化强则国运强"，未来社会的发展，必然会将我国建设成一个文化大国、文化强国。

在这个文化强国建设的背景下，非物质文化遗产的保护与传承在我国文化事业建设与发展中更显得尤为重要和突出。许多优秀的民族文化也能在这个大背景下得以施展自己的艺术魅力，重新焕发迷人的光彩。

在山东省的沂蒙地区，有一款精美的服饰，常用于当地妇女婚丧嫁娶之用，这款服饰由多片手工绣制的布料和彩珠连缀组成，华彩靓丽，深得当地群众喜爱，由于外形颇像荷花的花瓣，被当地人美誉为"荷衣"，是一种具有多种形态、图案的集实用与装饰于一身的服饰品。但随着社会的发展，传统"荷衣"的制作手法和工艺正被我们渐渐遗忘和忽视，"荷衣"作为一件具有浓郁地域风格的服饰，汇集了沂蒙地区淳朴劳动人民常年积淀的文化与民俗，它是一件历史的艺术，更是我国传统文化的瑰宝。

一、非遗"荷衣"中的文化艺术元素内涵

（一）文学元素内涵

"荷衣"一词，来源于屈原的诗歌，在屈原的《少司命》和《离骚》之中便有"荷衣兮蕙带，倏而来兮忽而逝""制芰荷以为衣兮，集芙蓉以为裳"的比拟，后世常借"荷衣"以指隐者的服装。而沂蒙地区的荷衣，却是来源于当地的一个民间传说。据说很久以前，在沂蒙的一个小山村里，有一个穷人家的女孩子，自小心灵手巧，十三四岁就会做衣服。她做的衣服缝绣精致，得体合身，村里的人家凡是有做衣服的活计都会去找她。就在这个姑娘十六岁出嫁的时候，村里人纷纷出来相送，可是刚出家门不久，就遇到一阵瓢泼大雨，淋湿了嫁衣。恰好是夏天，村前的荷塘里

盛开着无数的荷花，雨后的荷花分外娇艳。顿时，姑娘来了灵感，她让乡亲们帮忙采来带着雨珠的花瓣，穿针走线，连缀成衣，披在肩上，人面与荷花霎时相映成彩，如同仙女下凡一般。姑娘穿上新嫁衣，当场惊艳了所有前来送亲和迎娶的人们。由于姑娘的灵巧，很受夫家看重，生活得也特别幸福。之后，凡是这一带的姑娘出嫁，都会披上一件美丽的“荷衣”，后来经过人们的不断改良，最终成为现在的样子。

（二）艺术元素内涵

1.图案符号：图案图形是非遗物品上视觉设计元素非常重要的体现形式，在“荷衣”的缝制过程中，勤劳质朴的沂蒙劳动人民，还把许多带有美好寓意的民间传统图案用手中的针线，连缀在“荷衣”的每一个花瓣上。在“荷衣”的前襟上，有龙和凤的图案，象征着龙凤呈祥；有的地方缝绣着蜡梅和喜鹊，象征着喜上眉梢；还有鸳鸯戏水、百日合欢、花开富贵、珠联璧合等多种图案映射的传统美好寓意，这些都是沂蒙地区淳朴的劳动人民长久以来智慧的结晶。

2.色彩符号：色彩是“荷衣”中视觉设计元素的重要语言形式之一，它与其他图案、符号等共同构成了民俗艺术品的视觉设计元素体系。在“荷衣”中，民间艺人大量使用了色相鲜艳、饱和度很高的色彩，红色、紫红是主打色，配以绿色、黄色、蓝色等辅助用色，整体色调具有很强的民俗风，鲜艳夺目却不凌乱，色彩搭配非常和谐。

二、运用非遗“荷衣”中的文化艺术元素的创新探索思路

（一）新图案图形符号的探索

“荷衣”是一种民间的服饰文化艺术，本身的服饰特点和图案符号所

体现的民俗性和艺术性，是我们需要继续传承的要素之一。中华传统文化中有许多经典的图案，除了沂蒙地区的劳动人民在使用，还有很多地域都有独特的图案特点，我们不仅可以继续应用沂蒙“荷衣”的服饰图案符号，还可以融入其他一些中华传统文化中的图案元素，为“荷衣”的形式美增添一些新的因子。比如云纹、水纹、青海波等，都可以让我们的“荷衣”再生新的光彩。

（二）新型材料的探索

“荷衣”本身是一种布艺面料类艺术品，通过前期裁纸型、做糨糊、打袼褙，布料裁剪、缝绣、穿缀等一系列的工艺制作而成。传统的材料我们可以继续使用，除此之外，我们可以考虑探索使用一些新的材料，重新换一种表现形式，来进行“荷衣”新样式的探索与制作。我们可以尝试将“荷衣”微小化，将一些图案板块单独提炼出来，用贵金属设计打造成服装挂饰、耳坠、胸针等物品。我们也可以利用新媒体的思路，将光纤编制成“荷衣”样式，通过给予光线的配合，打造一身光纤艺术品。

（三）新的艺术形式的探索

“荷衣”本身的艺术形式是比较单一的，它的主要用途是作为民间的婚丧嫁娶时的服饰，本身的艺术性也比较局限。在艺术性的探索上，我们可以考虑将民俗艺术现代化、国际化、新媒体化。民俗艺术可以和当代艺术相结合，通过和大地艺术、装置艺术等形式相结合，重新赋予新的艺术魅力。传统的民俗艺术是中华文化的一部分，中华文化要想传播到国际层面，就要考虑和国际化的元素相结合，比如说民俗图案与光影艺术、激光形式艺术、国际音乐、国际绘画、国际舞蹈等多个艺术形式的组合，也可以考虑用传统的绘画艺术，比如国画、油画以及现代的动画艺术等形式，将中华文化传播到更为广阔的空间去。

（四）新的文创形式的探索

文创是民俗非遗艺术品传承和发展的非常重要的形式，文创的设计与制作要更加贴合人们日常生活的需求，从需求里找创意点，找思路。比如人们日常生活中的各种必需品，都可以成为“荷衣”文创的起步点，例如手摇扇、印刷品、馈赠礼品、手帕、围巾等，都可以设计为系列产品。

三、创新设计理念在沂蒙非遗“荷衣”保护与传承中的具体实施手段

1.新媒体的发展，是非遗传承与发展的新手段。新媒体本身既有的传播性和便捷性，为非遗的传播和发展带来了无限的可能性。我们要充分利用新媒体手段，通过抖音、快手、虎牙等新媒体平台，将“荷衣”的多种艺术形式和文创形式传播出去。这种形式，可以快速地传播非遗文化，让更多的人在短时间内，了解非遗文化、感受中华文明。

2.大数据的发展，为非遗的保护起到了数据支撑作用。大数据是非遗，尤其是一些濒临灭绝的非遗艺术品得以安全保存的重要方式，影像数据、音频数据、制作工艺技巧的文字数据等都是非遗数据保护的对象。

3.媒体资源管理的对接和利用：非遗数据的保存目的是更好地为人民所用，媒体资源管理技术，为人们调用非遗的数据和信息提供了非常便利的工具。媒体资源管理是这两年刚刚发展起来的新兴行业，通过将非遗的相关数据标签化，数据化，通过不同的压缩比进行分类存储，低码流的用于搜索，高码流的便于调取使用，可以方便人们调用之后，进行多种文化形式的编辑和传播。

“荷衣”是沂蒙民俗非遗文化中的一朵奇葩，这里面凝集着沂蒙劳动人民的智慧和常年积淀的社会文化理念，对“荷衣”的保护与传承，我们

既应该尊重传统技术和艺术，又应该在传统的基础上思考创新，并把创新的形式多方位多手段地运用到实践中去，争取通过新工艺、新材料、新技术的研发，打造符合现代人们审美需求的艺术形式，让古老的“荷衣”真正能在新创造中经久不衰地延续下去。

参考文献：

［1］刘恩芹，李西臣.非遗保护视域下歪梳苗蜡染的文化传承研究：以六盘水市级代表性传承人李群为例［J］.大众文艺，2020（22）：3-4，98.

［2］吴民庆.非物质文化遗产传统技艺传承的相关思考［J］.艺术品鉴，2020（33）：39-40.

［3］代越，王稳.非物质文化遗产活态保护模式研究［J］.明日风尚，2020（21）：146-147.

［4］王丽亚.创新非遗保护传承模式不断推动文旅深度融合［N］.中国旅游报，2020-10-29（03）.

（作者韩锐系山东传媒职业学院副教授）

丰富与创新
——浅析山东影视剧文化内涵的创新发展

王　强

[摘要] 山东影视剧制作中心制作出品的影视剧具有浓厚的主旋律风格，以正剧为主，题材严肃、贴近现实，大气、厚重、深沉、高远，以弘扬社会主义核心价值观和史诗气质为特点，是中国主旋律影视剧的典型代表。这种创作风格与山东的地域文化和山东人的性格特点密不可分，充分体现出齐鲁文化中儒家文化崇尚气节的爱国精神、大公无私的奉献精神、刚健自强的进取精神和注重家国情怀、家庭伦理、责任担当的思想观念。但随着社会的不断发展，山东省影视剧的文化内涵需要不断丰富与创新，深入挖掘齐文化和墨家文化的精神内涵，并不断吸收借鉴西方现代文化精神，进一步增强山东省影视剧的传播力和影响力，将山东的影视剧打造为兼收并蓄、百花齐放的重要影视剧流派。

[关键词] 山东影视制作；主旋律；质朴

一方水土养育一方人，一方文化孕育一方精神气质。山东作为孔孟之乡、礼仪之邦，受儒家文化的深刻影响，形成了崇仁尚礼、忠孝节义、温和持重、勤俭坚忍的精神气质和性格特点。山东制作出品的影视剧具有浓厚的主旋律风格，以正剧为主，题材严肃、贴近现实，大气、厚重、深沉、高远，以弘扬社会主义核心价值观和史诗气质为特点，是中国主旋律影视剧的典型代表。这种创作风格与山东的地域文化和山东人的性格特点密不可分，充分体现出齐鲁文化中儒家文化崇尚气节的爱国精神、大公无私的奉献精神、刚健自强的进取精神和注重家国情怀、家庭伦理、责任担当的思想观念。山东影视剧以其厚重质朴、严肃认真、制作精良而形成了较为鲜明的风格，成为中国影视剧中的重要流派。纵观山东影视剧，无论是20世纪80年代的《武松》《高山下的花环》《今夜有暴风雪》，90年代的《孔子》《孔繁森》《军嫂》，21世纪初的《大法官》《誓言无声》《大染坊》《闯关东》《沂蒙》《南下》，还是最近的《父母爱情》《战长沙》《青岛往事》《安居》《温暖的村庄》等，无一例外都是以主旋律题材为主的电视剧。这既是山东影视剧的优势，同时也是劣势，题材和风格过于单一，价值观不够多元化、题材过于严肃、手法缺少创新、商业性较弱，在商业化运作的当前社会，很难形成强有力的生产机制。山东影视剧需要在文化内涵上进一步丰富和创新，转换思路、增加角度、与时俱进、开拓进取，挖掘齐鲁文化中与时代发展相契合的价值观，吸收借鉴中国传统文化和西方现代文化的精神内涵，丰富影视剧的思想内涵、人物形象和叙事技巧，增强山东影视剧的市场竞争力，从而打造多元化、领先性、独特性的新鲁剧模式。山东影视剧的发展和提升，也会大大加强齐鲁文化的宣传力度。

一、深入挖掘齐文化的精神内涵

齐鲁文化向来是由古代的齐文化和鲁文化融合而成，然而，齐文化和鲁文化因其地理位置和文化源头的差异本身就有所不同。一般认为，齐文化积极向上，革新性、兼容性特点鲜明，鲁文化则相对保守、单一。张达认为，齐、鲁治国的基本国策不同，主流文化取向不同。齐文化讲究富国强兵、发展经济、因俗简礼，讲究延揽人才、开放言论、不拘一格，诸如此类的种种特点都表现得十分鲜明。鲁文化传统的核心内涵是“礼”与“仁”，因此这一文化以讲究人伦纲常、讲究宗法秩序、讲究稳定为基本特征。宋艳萍认为，齐国以“尊贤而尚功”作为建国方针，积极进取，善于变通，勇于革新，所以它总是比较合时宜，能跟上时代发展的步伐，开放性、综合性的特点鲜明；鲁国以“尊尊亲亲”作为建国方针，维护世卿世禄制度，鲁文化以“礼仪之邦”自称，多不信奉阴阳灾异说，而多言常道、德行、人事，更接近王道，因而其单一性、保守性的特点突出。齐文化的特点可以概括为：人本、变革、开放、务实、包容。齐文化的精髓在于开放、包容、创新、重商。所以，我们要深入挖掘山东东部地区的齐文化或海洋文化的特点，以此来丰富山东影视剧创作的文化内涵，增强其开放、变革、包容、进取的价值观念，形成一种革故创新的锐意风气，形成山东人敢为天下先的新时代风貌和气质。

淄博市企业联合会总结了十六字的“新齐商精神”：厚德、诚信、善学、专注、创新、变革、吃苦、担当。这种“新齐商精神”正是山东影视剧需要着重传达的文化内涵，厚德、诚信、专注、创新、变革正是当前山东经济发展、文化发展的重要精神基础和推动力。影视剧应该多选择山东境内出现的当下具有热点话题的新的文化形态或社会现象，深入分析和探讨，提炼总结出新的价值观，尤其是年轻人的价值观，对其进行艺术化呈现，讲述最新的故事，塑造最新的人物形象，从而吸引年轻观众，引导年轻人形成正确的价值观念和生活理念。比如山东港口的“五种精神”：充满激情、不负韶华的拼搏精神；不畏艰辛、百折不挠的开拓精神；思想解放、敢试敢闯的创新精神；不达目的、决不罢休的钉子精神；从不满足、勇争一流的卓越精神。山东港口新时代“振超精神”：爱岗敬业、为国奉献的主人翁精神；艰苦奋斗、勇于开拓的拼搏精神；与时俱进、争创一流的创新精神；团结协作、相互关爱的团队精神；精益求精、超越自我的工匠精神。山东潍坊寿光作为中国最大的蔬菜基地，对新技术的开发研制走在全国前列，无公害的有机蔬菜种植是当前的热点话题，“寿光精神”也是山东精神的典型体现。快速发展的临沂物流产业，带动了临沂地区的经济发展，作为山东发展最快的地级市，临沂的经济模式也是可以宣传的重要内容。山东的经济正处于转型发展的重要阶段，利用新技术、新产业、新业态、新模式，在智慧产业化、产业智慧化、跨界融合化、品牌高端化等方面已经取得了初步发展，这些新经济的创新发展，都能体现创新变革意识。选择其中较为典型的事件和人物，将其改编成影视剧，既符合鲁剧贴近现实、关注民生的特点，也能在很大程度上吸引年轻观众，增强山东影视剧的商业竞争力。

二、大力挖掘墨家文化的精神内涵

墨家的创始人墨子是鲁国人，在战国时期墨家学说也是当时的显学，后来由于过于理想化逐渐衰落。墨家思想中的兼爱、非攻、尚贤、尚同、非命、非乐、节用、节葬等主张，对今天的社会发展和习俗改革具有重要的启示和指导作用。墨家注重博爱，而不仅仅局限于亲人和关系近的人，与西方的博爱精神具有相似之处。墨家主张尚贤，不分贵贱、唯才是举；主张尚同，上下一心为人民服务，为社会兴利除弊；主张通过努力奋斗掌握自己的命运；主张摆脱划分等级的礼乐束缚；主张节约以扩大生产，反对奢侈享乐生活。这些思想主张都与当前中国社会追求公平、公正、平等、节约的思想观念相吻合，有利于社会的稳定与和谐发展。此外墨子还是一个杰出的科学家，在力学、几何学、代数学、光学等方面，都有重大贡献，让当代诸子望尘莫及。墨家在科学上的成就为众多学者所称赞，中国近代教育家蔡元培认为："先秦唯墨子颇治科学。"历史学家杨向奎称"中国古代墨家的科技成就等于或超过整个古代希腊"。山东影视剧创作中，可以加入墨家的一些思想主张，以此作为儒家思想的补充，使山东的影视剧文化内涵更具有现代性和前瞻性。目前中国社会最重要的问题之一在于贫富之间的巨大差距，而墨家所主张的兼爱理念，正是追求富人帮助穷人，从而实现共同富裕，这与社会主义思想所追求的共同富裕是一致的，也正好契合当前的脱贫攻坚政策。

三、吸收借鉴西方现代文化精神

文化的生命力在于融合创新，齐鲁文化发展的根本也在于融合创新。既要传承发扬中国的传统文化，也要吸收借鉴西方的现代文化中的优秀内容，只有这样才能获得较大的发展和提升。中国传统文化博大精神、源远流长，其中儒、道、释是最重要的哲学思想。儒家追求积极进取、自强不息、尚仁守德、心怀天下；道家追求无为而治、顺其自然、超越功利；佛家追求心存善念、众生平等、无心而为。这些传统思想对当前社会发展都有很大的指导意义，可以解决当前社会普遍存在的焦虑和压抑心理，是构建中国文化自信的重要精神基础。但在以工业文明为主的现代社会，西方现代文化具有较大的借鉴意义。西方现代文化中的注重个体价值、追求自由平等、注重法制建设和契约精神的内容，有利于中国现代化社会的发展。齐鲁文化应该将中国的传统文化和西方现代文化进行融会贯通，不断丰富齐鲁文化的内涵，提升齐鲁文化的影响力，使之变成具有国际视野和人类格局的价值观，从而提升山东的整体人文素养。山东影视剧创作者也应该以一种开放、包容、创新的意识，不断丰富山东影视剧的文化内涵，使之形成多元并存、兼收并蓄、相互影响的价值格局，从不同的角度来揭示和阐释当前的社会发展及其存在的问题，从而满足不同的精神追求。山东地处东部沿海地区，具有地理位置优势，通过与日本、韩国及东南亚地区、西方国家的经济、文化交流，可以获得更新的文化元素，而这些新的文化元素都可以运用到影视剧创作之中，从而引领文化潮流。青岛、烟台、威海等沿海地区可以成为齐鲁文化交流的窗口，不断向山东内陆输送新鲜文化。山东影视剧整体上过于稳重质朴，缺少时尚和朝气，与南方各省的影视剧形成了鲜明对照，其主要原因在于缺少现代性。一方面与地区经济发展有关，另一方面也与儒家文化过于保守有关。当前社会是一个开放、自由、追求个性的社会，山东影视剧应该增加对个体价值的表达，增强其个性化和独特性。在叙事手法和人物塑造方面，也要借鉴其他国家的成功经验，不断创新，满足青年观众的观看需求。

影视剧是文化传播的重要类型和载体，影视剧的创作与当地的文化特点紧密相关，反过来，影视剧作为一种文化产品和艺术作品，又可以影响和改造当地的文化基因。两者相辅相成、互为影响。丰富和创新影视剧的文化内涵需要借助当地文化的发展和创新，而影视剧文化内涵的丰富和创新又可以促进当地文化的发展。山东影视剧在主旋律题材的创作上已经取得了非常好的成绩，但在其他题材的开拓方面还有较大空间。只有不断自我反思、虚心学习、锐意创新，山东影视剧才能够成为更具竞争力的品牌影视剧，也才能更好地宣传和传播齐鲁文化和齐鲁精神。

参考文献：

[1] 张达.论齐鲁文化的形成及其根本特征[J].理论学刊，2003(6)：125-128.

[2] 宋艳萍.从《公羊传》《谷梁传》的主要区别浅探齐鲁文化的差异[J].管子学刊，1998(4)：44-49.

[3] 王修智.齐鲁文化对山东的深远影响[J].理论前沿，2008(13)：27-28.

[4] 孙悦.鲁剧文化研究[D].济南：山东大学，2013.

（作者王强系山东传媒职业学院影视制作系副教授）

山东非物质文化遗产影像化传播初探

冯春燕

[摘要] 山东省有丰富的非物质文化遗产（简称“非遗”），这些非物质文化遗产展现了农耕文明时期山东人民的生产生活方式和劳作智慧，蕴含着齐鲁文化特质和劳动者的价值观念。与山东省丰富的非遗资源相悖，山东省在非遗的影像化传播方面一直行动力不足，相关研究也比较薄弱。非遗的影像化是保护非遗的重要手段，既尊重了非遗的本真性和科学性，又对非遗进行了艺术创造。非遗的影像化，将“活态”的非遗数字化，完整科学地展示非遗的生存空间，结合数字传播和存储技术，让非遗以数字和影像的方式得以传承和传播。本文梳理了山东非遗影像化传播的主要途径，勾勒出山东非遗影像化传播的现状，并从创作队伍、传播平台、传播形式等方面探讨山东非遗影像化的实现路径。

[关键词] 非物质文化遗产；影像化；传播效果

非遗，承载着一个民族或群体的生命文化密码，是人类发展的重要组成部分。联合国教科文组织在《保护非物质文化遗产公约》中，对非遗的界定是：被各社区、群体，有时是个人，视为其文化遗产组成部分的各种社会实践、观念表述、表现形式、知识、技能以及相关的工具、实物、手工艺品和文化场所。山东作为齐鲁文化圣地，历史悠久，文化底蕴深厚，拥有丰富多彩的非物质文化遗产。目前山东省共普查各类非遗线索110多万条，共有联合国教科文组织认定的“人类非遗代表作名录”项目8个，国家级名录173项，省级名录751项，市级名录2778项，县级名录7513项。山东的非物质文化遗产主要分为以下几类：民间文学、传统音乐、传统舞蹈、曲艺、传统体育、游艺与杂技、传统美术、传统技艺、传统医药、民俗等。

山东省各类非遗展现了农耕文明时期山东人民的生产生活方式和劳作智慧，蕴含着齐鲁文化特质和劳动者的价值观念。由于非物质文化遗产赖以生存的自然环境和人文环境越来越脆弱，非遗的保护和传承变得越来越紧迫和重要，其中，非物质文化遗产的影像化，是保护非遗的重要手段。本文将从山东非遗影像化传播的途径和功效出发，勾勒出山东非遗影像化传播的现状，探讨如何提升山东非遗影像化的效果。

一、山东非遗影像化传播的途径

目前，山东非遗影像化传播主要通过以下几个途径。

（一）中央电视台的非遗类节目

中央电视台推出了多档展示非遗资源和精神内涵的栏目，例如《非遗公开课》《非常传奇》《乡土——老艺新生》《乡土——手艺中国》《传承》《非凡匠人》《非遗中国行》《百心百匠》等。央视的节目一般聚焦的是全国的非遗项目，也会在节目中对山东的非遗进行展示。例如，《非遗中国行》第一季介绍山东省级非遗——聊城的义安成高氏烹饪技艺和临清什锦面。

（二）山东省内各级电视台的非遗类节目

《非遗说》是山东首档非遗传承创新文化节目，也是目前唯一的一档专注山东非遗的电视节目，它于2018年11月29日起在山东卫视播出，目前已经停播。《非遗说》共有24期节目，介绍了商河鼓子秧歌、菏泽弦索乐、柳子戏、潍坊风筝等山东非物质文化遗产。《非遗说》在节目形式上大胆创新，将非遗与电视纪录片、访谈、演播室表演等元素结合起来，以亲民、时尚的方式实现节目文化诉求，运用集趣味性、议论性、临场性于一身的节目形式唤醒观众对非遗的情感共鸣。

2008年，山东电视台少儿频道承办的《谁不说俺家乡好：山东地方文艺电视大赛》，用电视节目的方式，展示山东的地方文艺、推介齐鲁文化。大赛中出现了许多罕见的民间艺术品种，包括戏曲、曲艺、舞蹈、杂技、秧歌、快书、武术表演和其他民间文艺等。

除此之外，山东的非物质文化遗产，在山东各城市电视台的栏目中会零星出现。例如，美食类栏目对美食类非遗项目的展示；选秀类综艺节目中对技艺类、戏曲类非遗项目的展示。

其他省级卫视的非遗节目一般聚焦的是本省的非遗项目，对山东非遗项目的展示几乎没有。

（三）各类新媒体平台播出的非遗类纪录片和微视频

爱奇艺、优酷、腾讯、二更等新媒体平台一般设有纪录频道，在该频道下，有以非遗为主题的纪录片。以二更为例，山东在二更平台上发布的大量微纪录片中，有很多展示了山东的非遗项目，例如《博山酥锅》《章丘铁锅》《青州挫琴》等。除此以外，微信、抖音等新媒体平台上有一些以推介非遗为目的的公众号，这些公众号会定期播放非遗题材的短视频。

（四）非遗类题材的影视剧

非遗项目中的传统曲艺与电影结合而成的新的艺术形态是戏曲电影。1957年的戏曲电影《李二嫂改嫁》是以吕剧的表演形式来完成的，展现了吕剧这一非物质文化遗产的魅力。进入21世纪以来，以山东非遗项目为题材的戏曲电影还是比较少的。2007年上映的《盛世秧歌》，以商河鼓子秧歌入选首批国家级非物质文化遗产后积极争取参加2008年北京奥运会开幕式为主线，将一个村子两户人家跨越两代的秧歌情涂抹上动感明快的喜剧色彩。2019年5月，展示山东省非物质文化遗产传统戏剧“马堤吹腔”的院线电影《赤脚县令》召开新闻发布会，目前，还未有上映的消息。目前，鲜有以山东非遗为题材的电视剧，多是在电视剧中植入非遗元素，例如，电视剧《大秧歌》展示了山东海阳秧歌的表演形式和风格特色。

（五）各类大学生影像大赛

国内各类大学生影像大赛中，非遗题材的纪录片和短视频是重要的组成部分，这些纪录片和短视频有很多是以山东的非遗项目为内容的。这一点在山东省内的影像大赛中，表现得尤为突出。以在山东省内颇有知名度和含金量的山东青年微电影大赛为例，从2008年至2018年间，纪录片单元共有65部民俗非遗类作品获奖，在所有纪录片获奖作品中占比为32.50%，这65部获奖作品多以山东的非遗项目为表现对象。目前，各类大学生影像大赛都设有网站和公众号，获奖作品和优秀作品都会在网站和公众号展映，从而成为传播山东非物质文化遗产的平台。

二、山东非物质文化遗产影像化传播的现状总结

笔者通过对山东非遗影像传播途径的梳理，总结出山东非遗的影像化传播现状。

首先，在《非遗说》停播后，山东缺乏一个专门宣传和展示山东非遗项目的平台。山东非遗项目散落于央视和各大视频网站上的各类非遗节目中，既不成规模，也无精品。展示山东非物质文化遗产的影像作品数量较少，尤其是央视和新媒体平台的非遗节目，它们立足于全国的非遗项目，对山东非遗的展示极少，而且主要集中在省级和国家级非遗项目。展示山

东非遗的影视作品不仅数量少，精品更少，影响力不足，传播力度不够，对山东非遗的宣传效果一般，很多市级和县级的非遗项目不为大众所知。

其次，山东非遗影像化集中在传统技艺、民俗、美食和曲艺方面，一些较为冷门的非遗项目并未进行影像化。在非遗项目的影像化上，着重表现一些技艺的制作过程和曲艺、民俗的表演过程，忽略了对这些非遗项目的内涵和齐鲁文化特质的呈现，使得呈现出的非遗项目缺乏特色，没有记忆点。

三、山东非物质文化遗产影像化传播的思考

如何提高山东非遗影像化传播的效果，让更多的观众了解山东丰富多彩的非物质文化遗产，笔者认为可以从以下几个方面着手。

1.创立一档专注于宣介山东非物质文化遗产的电视栏目。北京、天津、湖南、河南等省级卫视均有非遗类节目，有的不止一档。在《非遗说》停播后，山东迫切需要一档新的非遗类节目，并将其努力打造成一档有全国影响力的节目，集中展示和宣传山东的非遗项目。

2.打造多支非遗题材纪录片创作队伍。以山东省内各级电视台为基础，打造一支纪录片创作队伍，制作山东非遗题材的精品系列纪录片，从而提升山东非遗在全国的影响力和宣传效果。以山东省内各类影像大赛为契机，选拔和培训以高校师生为主的非遗纪录片创作队伍，给予他们相应的资金支持，制作一批质量上乘的非遗类微纪录片。

3.拓展山东非遗影像化作品的传播平台。除了传统的电视台和视频网站外，积极拓展各类新媒体平台作为非遗影像化作品的传播平台。

4.注重发挥影视化手段对山东非遗项目的记录与传承功能。借助影像化手段可以让非遗项目更生动，借助大众传播媒介将非遗传播给更多的观众，让更多的人关注它，这是非遗影像化传播的功效之一。除此之外，影像化手段还可以对非遗项目实现记录功能，尤其是那些濒临失传的非遗项目，可以将它的工艺制作技巧和流程完整地记录下来，实现对非遗的保护

和传承。目前，山东非遗的影像化传播功能大于记录功能，影像在非遗项目的数字化记录和保护功能上还没有得到充分的发挥。

5.注意影视记录的局限性和主观性。在非遗影像化的同时，要注意影像记录是有局限性和主观性的。影像作品首先会受到时长的局限，尤其是在新媒体时代，碎片化的短视频越来越受到观众的青睐，很多影像作品只有5—15分钟。在这样一个时长内，很多非遗项目是无法得到全面深入的展示的，影像化作品可能会削弱非遗本身的魅力。其次，不管是纪实风格的影像作品还是虚构类的影像作品，都带有创作者的主观性，所以，非遗项目影像化的过程中，必然掺杂了影像创作团队对于该非遗项目的观点和思考，是经过主观选择之后的影像化呈现，这种呈现也可能会跟非遗项目本身的价值内涵有所偏离，这些问题需要在非遗影像化的过程中注意。

结语

目前，山东非物质文化遗产缺乏有影响力的影视作品，在影像化传播方面缺乏专门的平台，也没有一只规模化的队伍。与山东省数量庞大、内容丰富的非物质文化遗产相比，山东非遗的影视化传播还需继续加强。

参考文献：

［1］张玲.说说申遗那点事儿：关于联合国教科文组织《保护非物质文化遗产公约》的观察［J］.中外文化交流，2010(9)：14-17.

［2］王凤苓.山东传统工艺类非物质文化遗产当代传播趋势［J］.青年记者，2019(35)：111-112.

［3］徐文华.山东青年微电影大赛研究［D］.济南：山东师范大学，2019.

（作者冯春燕系山东传媒职业学院影视制作系讲师）

媒介融合背景下院线电影跨屏传播的比较研究

——以电影《囧妈》的网络平台首映为例*

巩 政

[摘要] 在媒体融合的大背景下，对于院线电影而言，网络和院线之间的壁垒逐渐被打破，尤其是从时间上来看，通常是院线电影下线后，无缝衔接网络平台。平台以会员付费的形式推出。甚至是越来越多的电影选择在网络首映，尤其是以电影《囧妈》为代表的传统院线电影，也开始选择在网络端首映。网络平台凭借其自身的便利性，对院线电影的冲击越来越大。如此一来，传统院线如何在网络平台的冲击下，保持自身的优势，发挥自身的长处，是影视工作者需要面对和解决的问题。本文通过分析手机、电脑、院线三种观影方式的不同之处，尝试探讨网络观影的利弊、院线电影选择网络平台首映的利弊，以及对后续电影制作理念和技术的影响。试图通过对过往电影案例的分析，梳理网络放映对影视制作的要求，以及下一步影视制作过程中需要注意的问题。

[关键词] 院线电影；网络大电影；跨屏传播

2020年大年初一的零点，原定于前一天在春节档院线上映的电影《囧

* 本文是山东传媒职业学院院级课题“基于国产主旋律电影创作和票房分析下的专业思政改革研究”（课题编号：YKY201904）的研究成果。

妈》，在字节跳动公司旗下的多个平台和出品方欢喜传媒旗下网站免费在线首映，成为中国电影史上第一部将春节档院线电影选择在网络免费首映的电影。

一、影院和网络的观影差别

毫无疑问，影院观影的效果要远远好于在小屏幕（对手机和平板电脑等观影设备的统称）上观影，主要表现在以下两个方面。

第一，影院观影的视听效果更好。《囧妈》这部电影，大部分观众是在15.24厘米（6英寸）左右的手机或者是25.40厘米（10英寸）左右的平板电脑上观看（以华为相关产品尺寸为例）的，少数观众可能选择投屏到电视或选择投影观看。而影院标准银幕的宽度为17米，高度为7.5米，如果是更大的IMAX影厅，银幕可以达到22米宽，16米高，甚至还有更大的银幕尺寸。这仅仅是银幕尺寸一项，而在银幕亮度、色彩以及音响效果等方面，影院的观影效果都大大优于小屏幕。

第二，电影在影院播出的另一个优点是：影院观影具有独特的观影模式。经过电影100多年的发展，电影院集体观影的模式逐渐形成。电影院相对封闭的黑暗空间，使得观众的注意力不容易分散，同时，观众在电影院的集体观影感，也赋予观影一种仪式感，从而形成了电影院特殊的社交属性。正如时任国家电影主管部门负责人的张宏森先生，在参加第18届上海国际电影节金爵电影论坛的演讲中提到的：每当在黑暗的空间，人们面对银幕，银幕之光和观众的心灵之光就在进行着一种光合作用。走出影院，大家用目光交流，坦诚的心与心的交流，这已经形成了一张目光交流之网，心灵交流之网[①]。

与之相对比的是，网络大电影和微电影等影片大多是在小屏幕上播

① 张宏淞.抵达电影光荣的目的地：在第18届上海国际电影节“电影新常态：互联网+与产业升级”论坛上的发言［J］.当代电影，2015（7）：4-5.

放。微电影的观影环境较随意，人们可以在任何空闲时间、任何地点观看自己喜欢的微电影，观影环境是复杂多变的，受周围环境影响较强，所以电影画面要有足够的吸引力，特写与近景镜头是吸引观众注意力最好的景别[①]。这里虽然是对微电影观影环境和视听语言特点的分析，但网络大电影和微电影拥有同样的播放平台，因此网络大电影也适用于以上情况。

当然，影院观影也有观影成本高的不足。这个高成本包括经济成本和时间成本。经济成本包括电影票本身，以及观影所产生的一系列费用。时间成本除了电影本身的时间成本，还要加上到影院路上的出行时间，电影开始前的等待时间等，加在一起有可能超过了观影本身的时间。这也从某种程度上增加了影院观影的门槛。

二、《囧妈》网络首映的利弊分析

当原本应该是院线电影的《囧妈》，成为网络大电影《囧妈》时，我们来看一下，观众、出品方、收购方各自的利弊得失。首先，从观众的角度来看：观众得以第一时间在网络上免费观看了这部电影，似乎是最大的受益者；而《囧妈》的出品方保证了制作成本的回收（具体细节双方未曾披露），成功避免了票房失利、投资失败的风险；通过6.3亿元版权合作费用获得网络首映权的出资方，获得了一次品牌价值推广的机会，这样一来，就形成了一个三赢的局面。

而从另一个角度来看，三方也可能都会或多或少地有所损失。首先，电影《囧妈》的制作方，损失了将作品在更大更好的院线平台上展示的机会。主创的制作标准和艺术追求，是以标准的影院大银幕播放效果为准。所以主创们费尽千辛万苦拍摄出来的唯美画面，那些特效师逐格制作的动画效果，都是以大银幕制作为出发点，因为网络视频清晰度、小屏幕尺寸和听觉

① 冷凇，李然.新媒体影像的国际化传播：中国影视跨文化传播供给侧研究［M］.北京：中国广播影视出版社，2017.

效果的限制，而受到严重损失。可见，将院线电影在小屏幕上播放，越是追求视听观看体验的电影，所受到的损失就越大。例如，像《阿凡达》这样的重视视听奇观的电影，在院线大银幕放映和小屏幕播放的效果差别一定很大。与此同时，出品方损失了有可能获得更大更好票房回报的机会。

其次，看似受益最大的观众，如果以长远的眼光来看，有可能成为“损失”最大的一方。其一，观众损失了去影院观看这样一部更适合影院观看的院线电影的机会。其二，如果是网络首映获得了较好的反响，则可能会让更多的出品方和网络平台考虑将网络作为院线电影的首映平台之一，不论是从商业的客观规律，还是以往的互联网运营经验来看，普遍都有先免费后付费的特点，优质的院线电影在网络首映一定会以付费，或者插播、植入广告的形式变相“付费”，正所谓羊毛出在羊身上，作为消费者的观众依然是院线电影的付费者，不论院线电影在何种平台首映。

最后，出资方（即字节跳动公司及其旗下平台）虽然获得了宣传效果，但从目前披露的消息来看，并没有获得直接的经济回报，长此以往，这并不是一种可以持续的合作方式。

三、院线电影与网络大电影的不同

以往的网络“大”电影，更多的是一种区别于院线电影的叫法，甚至有着一定程度的自嘲特点。从总体来看还是不及院线电影的制作效果，通常由拍不上传统“院线电影”的团队制作，制作成本也远远低于院线电影。虽然《囧妈》在网络上免费播出，是疫情影响之下的无奈之举，但可能会对院线电影和网络大电影的关系产生影响。以此事件为标志，中国网络大电影时代会真正开启，当大投资、制作精良、全明星阵容的院线电影参与网络首映、在线视频内容竞争后，也将会给相关行业带来一次新的冲击[①]。

① 韩浩月.《囧妈》网络免费播出是个神操作［N］.中国青年报，2020-02-04（09）.

传统模式下，由于网络大电影的制作成本和明星阵容与院线电影不在一个量级，为了和院线电影在网络播放平台上有所竞争，主要是靠“出奇制胜”吸引眼球。要么是对主流院线电影的戏谑性模仿，要么是主打情色“擦边球”的暧昧性，要么是以纯搞笑为主的“低级趣味”。而这一切也和网络大电影的主流观众有关系，这也部分决定了网络大电影出品方的制作“审美”。使得网络大电影出品方没有动力，也没有资金投入更大成本去制作网络大电影，对网络大电影水平的提高和良性循环制造了发展的瓶颈。院线电影与网络大电影的竞争，无异于专业队员下场和业余队员共同竞争。

随着网络大电影的影响力持续增大，主管部门加大了对网络的管理，网络平台应该充分利用自身优势，充分发挥网络的灵活性和打破地域限制的特点，并在互动性上下功夫，充分挖掘新形式并提高用户的多方面体验，破解更多功能。通过多方面的融资渠道，提高投资的回报率，争取到更多的投资，引进更加强大的影视制作阵容，投入更高的制作成本。从制作之初就深度地参与到影视前期的制作环节，结合影片网络放映的需求，量身打造适合网络放映的影片，不至于形成拍摄的浪费。

经过近些年对网络上盗版的打击，院线和网络平台形成了良好的商业合作模式，即一部电影在院线下线后，转到网络平台，以付费和会员的方式，继续赚取长期回报。这也是院线电影发展经过了录像带和DVD的时代之后，摸索出来的成功经验，也是对创作者和投资方赚取最大回报的方式，是一种促进电影再创作的良性循环方法。

四、院线电影网络首映的发展和出路

随着院线影片在排片上的竞争进入白热化的阶段，虽然银幕数量在呈几何倍数增长，但不排除有供大于求的趋势。呈现的现象是，春节档的票房占据了全年票房的一半，出现了一票难求的现象，而其他档期则出现门可罗雀的尴尬局面。春节档的形成是观众和出品方以及影视从业者共同努力形成的默契，春节档一旦形成，将长期成为兵家必争之地。导致很多出品方都占据春节档，渐渐形成了春节档的恶性竞争。从2013年《西游·降魔篇》开创春节档票房大卖纪录以来，在经历了2019年春节档《流浪地球》（票房46.45亿元）、《疯狂的外星人》（票房22亿元）、《飞驰人生》（票房17.16亿元）、《新喜剧之王》（票房6.23亿元）、《熊出没·原始时代》（票房7.14亿元）五虎相争的局面后，大幅度提升了市场的信心。2020年春节档，仅出品方官方宣布的集中在大年初一上映的电影，就有《唐人街探案3》《囧妈》《紧急救援》《急先锋》《夺冠》《熊出没·狂野大陆》《姜子牙》等七部之多，每一部都是准备充分、来势汹汹，可预见各方在线上的宣发和线下的排片争夺上，会呈现出怎样白热化的局面。但就目前的情况来看，市场并不能容纳这几部电影同时上映的畸形情况，也不能保证多部电影共赢的效果。预售开启后，《囧妈》的排片率不及《唐人街探案3》和《姜子牙》，排名第三。预售的不理想，才导致了《囧妈》提档到大年三十的情况，在上映前，徐峥通过微博承认：提档是因为希望提升假期的票房。随后，《夺冠》《熊出没·狂野大陆》也宣布提档至除夕，这也招来了影院工作人员的强烈不满，因为影响了影院工作人员正常过春节。

院线电影高投资、高风险，要求短期爆发式回报的商业模式，必然倒逼投资方和影视工作者选择低风险、类型化、趋同化的创作风格，从而规避票房失败的风险。换句话说，投资越大，包袱越大，创作越显得捉襟见肘，而这从目前好莱坞的超级英雄电影可见一斑，这一状况进一步挤压了偏向导演表达和艺术表达的作品空间。而目前，由于国内艺术院线的建立尚未成型，使得艺术电影不得不正面对抗商业电影，这一点造成了艺术电影票房的大面积落败。例如，2019年包揽第69届柏林电影节最佳男演员、最佳女演员奖和第32届中国电影金鸡奖最佳男主角、最佳女主角奖的《地久天长》，上映一周票房仅有3000多万元，导演王小帅也亲自在朋友圈发文，为影片宣传。《过春天》票房未过千万，《推拿》票房1351万元。

试想一下，如果部分院线电影尝试网络发行，甚至选择网络首映，就有可能最大限度地利用网络播映的红利。由于商业电影不可能实现长线放映，而网络可以实现，可以通过拉长放映时间，达到用时间换票房的效果。由此，会给很多确实不适合在大银幕首映的影片发行商一种可行的选择。更进一步考虑，有没有可能实现网络和院线同时上映，甚至是先在网络播出，获得良好的口碑和市场反馈，然后再在大银幕上映，形成一种反传统的商业化操作模式？很多国外优秀电影，例如《三傻大闹宝莱坞》在全球上映很长时间后，在中国上映仍取得了不错的票房成绩。

目前而言，院线电影在网络平台首映，就意味着大概率短期内不会再回到院线上映，仅在网络平台播放。这是否会形成院线电影与网络大电影同跑道竞争的局面？是否意味着制作院线电影的“专业队”下场与制作网络大电影的“业余队”展开正面交锋？是否会出现院线电影对网络大电影的“降维打击”，进一步挤压网络大电影的空间？网络大电影因为其播出平台的特点，容易呈现出碎片化、大众化的叙事特点，在这一点上，院线电影在与网络大电影的竞争中并不占优势。所以即使是院线电影直接选择在网络平台放映，也要有意识地根据网络观看平台，尤其是移动端观看平台的特殊性，进行适当的调整。所以，在两者竞争与融合的过程中，还有许多事情要做。

结语

严格意义上来说，这次的《囧妈》网络首映，并不是一次跨屏传播，而是一次特殊情况下的尝试。在此之后，也并没有出现春节档院线电影大规模选择在网络首映的情况，《姜子牙》和《夺冠》选择在国庆档上映，也取得了不错的票房成绩。

相信不论什么时候，都会有坚定的“院线派”坚持走入影院观看电影，也会有坚定的“网络派”通过网络观看电影。创作者只有充分发挥各平台的优势，分别制作出适应各播放平台特点，符合受众观赏水平的影视作品，在服务好自身固定观众的条件下，尽可能多地去拉拢那些摇摆派，或者压根不看电影的人，让更多的人参与到对中国电影的关注上来，让年人均观影量上升，才是对中国电影最大的贡献，才能为自身获得最大的回报。

希望通过这次《囧妈》的网络放映尝试，能在一定程度上缓解春节档竞争的白热化局面，为观众提供更多观影渠道，为中国院线电影的发行探索更多元化的途径，形成院线电影和网络大电影良性竞争、互相补充的局面，为院线电影的发展寻找出更多的出路。

（作者巩政系山东传媒职业学院影视制作系教师）

浅析齐鲁文化背景下民俗类MG动画创作与传播

陈 思

［**摘要**］源远流长的齐鲁文化，渗透和影响着人民生活、劳动、习俗、观念等各个方面。而山东民俗又大都是在齐鲁文化的熏陶下形成，仅以山东人民出版社出版的山东省志《民俗志》一书为例，详细记录了饮食器物、衣着妆饰、生产工具、成年礼仪、婚姻形式、墓葬类型、文学传说、戏曲曲艺、音乐舞蹈、民间工艺等。其中因齐鲁文化有着齐、鲁之别，以至于形成了山东民俗的地区与地区之间的差异和复杂性。先后出现了著名的北辛文化、大汶口文化、水浒文化、沂蒙文化、泉水文化等，形成了内容丰富、色彩鲜明的文化体系。习近平总书记强调："要着力建设社会主义核心价值体系，用好齐鲁文化资源丰富的优势，加强对中华优秀传统文化的挖掘和阐发，为做好改革发展稳定各项工作提供强大精神力量。"在这一时代背景下探索齐鲁文化的传播渠道无疑成为广大影视创作者的新课题。

［**关键词**］齐鲁文化；民俗；传播渠道；MG动画

随着新媒体技术的发展，品类多样的节目形式不断涌现，其中MG动画作为当下影像艺术中一种时兴的表现形式，在平面设计的基础上，利用动画技术来进行视觉传达，同时因其独有的审美风格，成为一类独立的动画形态。面对影视市场中“短、平、快”的要求，MG动画凭借信息可视、内容密集、成本可控、传播性强、准入门槛低、制作流程标准化的特点，传播优势逐渐体现，保证了其在商业广告圈和独立动画圈的广阔的市场需求量。正是在庞大的市场需求下，MG动画制作日渐趋于程式化、模板化。尤其是近几年来我国的MG动画受经济利益的驱使，逐渐出现商业化发展趋势，创作者往往忽视了MG动画本身就是一门艺术，失去了科学性、文学性、艺术性。

笔者作为一名青年影视创作工作者和传媒教育工作者。凭借多年MG动画创作和教学经验。探索MG动画能否成为山东民俗文化中部分内容的科普传播方式。本文将以山东民俗类MG动画为例阐述创作与传播过程中的几点思考，希望为立志于齐鲁文化传播的青年创作者分享一些经验。

一、民俗文化资源丰富，可以借助MG动画实现碎片化传播

山东民俗分类广泛，主要有生产贸易交通民俗、家族社区民俗、衣食住行民俗、人生礼仪民俗、岁时节庆民俗、民间游艺民俗、少数民族民俗等。民俗文化资源丰富多样、庞杂细碎。例如可以具体到一个东平湖渔民的冬季作业内容——拉凌网：用“大网”或称为“包网”，作业需要15—20人，有1个或2个人为“网头”，负责指挥在渔场中用木榔头在冰上敲出一个窟窿，名叫“下网窝”，由“下网窝”送入两根“水线杆”带网入水，用钩子拉网前进，名为“走杆”，每走一杆，砸一个“凌眼”，遇到阻碍砸冰的则下水排除，最后砸冰成“上网窝”收网取鱼。再或者是一个劳动生产工具比如胶东平原的黄县（现在的龙口市）运用较广泛的提水工具辘轳，有民谣唱道：“大旱三年也不怕，黄县有三万三千辘轳把！”[①]

① 山东省地方史志编纂委员会.山东省志：民俗志［M］.济南：山东人民出版社，1996：464.

我们通过举例可以发现民俗文化所表现的具体内容常常是分散独立的，阐述内容的篇幅往往也比较短小。这一特征非常适合使用短视频的方式进行传播。

MG动画作品篇幅简短，时长一般在1—3分钟。MG动画以最适合点击和阅读的长度来吸引“眼球”，提高“黏度”，满足现代社会便捷、碎片、泛在学习的科普新需求。我们熟知的短视频平台抖音、快手迎合碎片化时间，限制视频发送时长为15秒、60秒、3分钟。如果想要展现清晰完整的民俗类动画，需要保证其内容的科普性和丰富性，一般来说3—5分钟的时长足矣。目前，相关短视频平台已经开启了“5分钟长视频”的尝试，在保障传播量的同时兼顾了科普知识的普及和接受度。所以丰富多样的民俗文化完全可以充分利用MG动画碎片化传播的优势。

二、MG动画形式表现文学传说可以摆脱传播约束，充分发挥齐文化浪漫主义色彩

齐地面朝大海，生活在这里的人们多眼界开阔、思维活跃，性格豁达多智、务实奔放，富有浪漫主义情怀。这也使得齐文化具有变革性、包容性、开放性和务实性的特点。在山东文学作品中除了儒家思想，还涌现了大量的鬼怪传说、民间故事。如我们熟知的《聊斋志异》中就有大量鬼怪妖狐的描写。此外，书中还刻画了很多豁达潇洒人士，他们超凡脱俗，不以异类见憎，不以非类见疑。对于书中描写的鬼怪，他们并无畏惧甚至与之交好，足见他们普遍具有齐文化中的包容思想。①

文学传说这一题材在影视作品的传播中往往需要大量的特效加持，如大制作的电影《画皮》《画壁》等。但文学传说这一类别中仅《聊斋志异》全书即有16卷，有短篇小说491篇。该书篇章数量繁多，但目前转化为影

① 黄洽.《聊斋志异》中士人形象的齐文化特色［J］.蒲松龄研究，2016(3)：166-171，181.

视作品为大众熟知的并不多，更不用说还有其他的地域性民俗传说。文学传说如果都以大制作的影视作品展现，恐制作周期冗长、传播成本颇高。根据笔者观察，抖音平台就有一个专门讲故事的账号“有料酒”，设有一个关于《聊斋志异》的视频合集，共40集内容，分享聊斋故事。短视频中采用的动画技巧并不复杂，属于比较基础的MG动画，但是总播放量达到了1.3亿次。由此可见，受众对于动画转化文学故事这一途径的认可。动画本身是一种没有任何限制的叙事方法，动画创作者可以借助优秀的民俗传说内容，冲破形式壁垒，将虚无缥缈的文字转化为可视的画面，充分发挥齐文化的浪漫主义色彩。

三、重构选题角度，稀释宣教思维

笔者认为创作山东民俗MG动画的目的就是要宣传山东优秀民俗文化，展现齐鲁风情。但在网络媒体高速发展的今天，受众对于信息的获取有自主选择权。如果违背传播规律，一味宣教，可能会成为受众过滤掉视频的主要原因。所以创作者首先需要转变传统的传道者姿态，从交流探讨的角度出发，注重提升传播者与接收者之间的交流感。

如何重构选题角度？民俗类选题要兼顾科学性、文学性、艺术性。需注重对信息进行归纳整理，运用大量的数据、事件来进行分析、佐证，并且立意要新。因为此类内容大都涉及的是人们耳熟能详的但在认知中又不是特别清晰的部分。这就要求创作者要从新的角度来解题，避免受众产生审美疲劳。在这一点上，以《飞碟说》《壹读视频》为代表的科普MG动画栏目就曾凭借选题新颖、语言幽默、节奏爽快迅速爆红网络，且余温不退。例如《飞碟说》中《古今酒桌上都玩啥》一集，分析了中外历代酒桌民俗趣闻，科普了形形色色的盛酒器皿，还从全新的角度解读了酒文化和社会发展的关系。更从“酒桌上都玩啥？”这一话题展开了和受众的交流，引发网友纷纷留言互动。

四、摒弃教科书式的讲解，降低受众门槛，合理范围内实现表达方式的去严肃化、轻娱乐化

同样以山东民俗为例，我们将其分为“深度”和“趣味”两类科普内容，划分标准与创作题材内容涉及的专业性有关。专业知识的语汇通常是严谨而理性的，如果通篇使用一本正经的教科书式的讲解，传播内容会变得枯燥。而动画的精神其实就是用超现实主义去表现客观事物，在赋予图画生命的同时也赋予文字趣味性，用轻松、接地气的语言去拉近受众与信息之间的距离。网络流行语、口头禅、爆梗都可以使用到文案中。文案中可以使用比喻、假设等文学手段，但这在学术上是并不严谨的。所以我们要在科学性与趣味性之间把握好分寸。“深度”的部分可以聚集于科学严谨的传播内容，同时兼顾传播效果有一定的生动性；“趣味”的部分可以侧重于吸引受众兴趣的传播内容，注重传播方式的多样性和趣味性，同时力争在科学性上更加严谨，准确有效地传达信息。[①]

五、树立品牌思想，全媒介传播打造民俗动画系列栏目

梳理民俗类选题内容，制订统一的音视频制作标准和包装风格，将山东民俗类MG动画系列视频以栏目的形式运营，有助于形成有计划、有规律的内容输出模式，将庞杂无序的内容碎片整理为便于受众检索的视频集合。

在媒体融合时代背景下，信息传输通道呈现多元化作业。为了更好地适应各平台的传播特征，待栏目形成规模后，需树立栏目品牌。创作者

① 黄洵杰.全媒体时代下科普影视创作的新形态、新样貌、新趋势［J］.科普创作，2019(2)：47-55.

可以推行全覆盖战略。具体栏目以MG动画视频形式为主，以不同的形式（图文、音频）为辅，在各个平台推送。如在视频为主的平台推送MG动画内容；而在微信、微博平台推送视频的同时，附加图文内容便于受众可以在流量限制下阅读；同样在喜马拉雅这种以音频为主的平台推送纯音频内容。通过一档栏目打造不同媒介产品，以全平台、全覆盖战略树立民俗文化传播品牌。

（作者陈思系山东传媒职业学院影视制作系教师）

媒介融合视域下齐鲁文化的微传播研究*

陈 雪

[**摘要**] 齐鲁文化是中华文化重要组成部分，推进齐鲁文化传播效能建设，讲好“齐鲁故事”是做好“文化自信”答卷、讲好“中国故事”的山东方案，具有重要的现实意义。媒介融合背景下，山东应充分借助新媒体传播优势，结合地域文化特色，革新文化传播观念、创新文化传播形式，把齐鲁文化传播落地、落实。讲好齐鲁故事，展现真实、立体、全面的山东，是媒介融合视域下提高山东文化软实力的出发点和落脚点。以“微传播”为切入点，依托“微媒介”，以矩阵化推进齐鲁文化传播广度；创新“微内容”，以通俗化增进齐鲁文化传播深度；打通“微路径”，增强齐鲁文化传播力度，构建齐鲁文化传播“微生态”，全面提升媒介融合时代齐鲁文化传播的创新性、高效性、引领力、凝聚力。

[**关键词**] 媒介融合；齐鲁文化；微传播

文化是一个国家、一个民族生存和发展的重要力量。党的十八大以来，习近平总书记多次强调加强文化建设的重要性，指出在“四个自信”中，文化自信是更基础、更广泛、更深厚的自信。在十九届五中全会上，

* 本文系2020年度山东省艺术科学重点课题“媒体融合背景下智慧广电传媒生态的构建与发展研究”（ZD202008154）阶段性成果。

再一次重申了“繁荣发展文化事业和文化产业，提高国家文化软实力”[①]的明确要求。齐鲁文化是中华文化重要的有机组成部分，推进齐鲁文化传播能力建设，增强齐鲁文化价值传播，形成讲好“中国故事”的齐鲁范本，是山东做好“文化自信”答卷、繁荣文化事业议题的题中应有之义。媒介融合背景下，山东应充分借助新媒体传播优势，结合地域文化特色，革新文化传播观念、创新文化传播形式，把齐鲁文化传播落地、落实。讲好齐鲁故事，展现真实、立体、全面的山东，是媒介融合视域下提高山东文化软实力的出发点和落脚点。

一、媒介融合视域下齐鲁文化传播的变革与挑战

齐鲁文化由来已久且源远流长，最早可追溯到西周初年，距今约有3000多年的历史，在浩瀚的历史长河中，齐鲁文化虽历经时代变迁却仍历久弥新。齐鲁文化是齐文化和鲁文化的合称，齐文化尚功利重创新，鲁文化尊礼仪重伦理，齐鲁文化是齐、鲁两种文化在漫长历史发展中的汇聚与融合。它既包含以“国泰民安”“沉稳厚重”为寓意的泰山文化，也囊括以“孕育文明”“连绵不绝”为指代的黄河文化，以“包容并蓄”“交流开放”为寓意的黄海、渤海海洋文化，更兼具以“忠义”文化、“仁义”文化为核心理念的儒家文化。媒介融合时代，合理利用新媒体力量传播齐鲁文化，对“坚守中华文化立场、传承中华文化基因，展现中华审美风范”[②]具有重要意义。

文化是民族传承的血脉，是人民精神的家园。文化发展是永不过时的话题。目前，齐鲁文化的传播大多以历史文化场馆、人文古迹遗址、齐鲁

① 中国共产党第十九届中央委员会第五次全体会议公报［EB/OL］.（2020-10-29）. http://www.xinhuanet.com/politics/2020-10/29/c_1126674147.htm.

② 习近平：在文艺工作座谈会上的讲话［EB/OL］.（2015-10-14）. http://www.xinhuanet.com//politics/2015-10/14/c_1116825558.htm.

影视剧作、专题教育讲座等为主，往往陷入传播内容“索然寡味”、传播受众“疲于应付”、传播效果“不及预期”的窘境。作为传播价值较高、传播底蕴厚重的齐鲁文化，对其传播务必与时俱进，因此，如何借助媒介融合，运用互联网思维促成齐鲁文化“微传播”，便成为摆在齐鲁文化传播面前的新课题。

二、微传播：新媒体时代齐鲁文化传播新方式

媒介融合时代，短视频、直播等新型信息传播形式业已成为传播“新贵”，其背后是流量思维、IP（Intellectual Property，知识产权）定位的新媒体思维加持。借助新媒体传播方式，牢固受众主体、受众本位的传播思维，以“短、平、快”的输出模式，改善齐鲁文化资源传播“困境”，这既是时代要求，又是有利于文化大发展的明智之举。因此，以“微传播”为切入点，着重研判齐鲁文化如何通过依托“微媒介”、创新“微内容”、打通“微路径”等方式，最终构建“微生态”，进而全面提升媒介融合时代齐鲁文化传播的创新性、高效性、引领力、凝聚力。

（一）依托“微媒介”，以矩阵化推进齐鲁文化传播广度

随着新媒体技术的迅猛发展，在信息传播领域传统媒体逐渐“丢城失地”，受众纷纷拥抱新媒体，以微信、微博、抖音、快手、哔哩哔哩等为代表的微媒介不断“攻城略地”。鉴于此，齐鲁文化的微传播就要在盘活报刊、广播、电视等传统媒体的基础上，加大力度融合官方微信、微博、抖音等微媒介，将新旧两种媒体整合创新、融合发展，把传统媒体长期以来积累的内容信度与新媒体传播广度进行深度融合，寻求齐鲁文化传播的最佳效果。当然，在依托微媒介推广齐鲁文化传播时，也应对传播内容的质量给予高度关注，要尽量规避文化传播碎片化，文化信息重复、泛滥等问题。

构建齐鲁文化新媒体传播矩阵，将单一微媒介的传播力不断叠加，形

成多种微媒介的合力，将各具特色、特性不同的微媒介形态整合在一起，进而形成矩阵式的传播形式，凸显传播优势。例如，2019年底，山东省文化和旅游厅在推广“冬游齐鲁·好客山东惠民季”相关项目时，就灵活运用微博、微信、抖音、头条号等微媒介，以“冬游山东”为话题，吸引新媒体用户关注。

（二）创新“微内容”，以通俗化增进齐鲁文化传播深度

齐鲁文化“微传播”的关键，在于创新“微内容”的表达，加强线上内容的建设，利用短视频、直播、VLOG等手段，与抖音、快手、今日头条等平台合作，加强文化IP的创建与推广，重点打造齐鲁文化网红打卡地、齐鲁文化主题场馆、餐厅等。此外，齐鲁文化微内容的创建要注重史实性、娱乐性和传播性相融合，即传播内容的权威化、趣味化以及适于新媒体传播化，如此才能有效促进齐鲁文化的互动交流。

在齐鲁文化“微内容”的创建中，应注重通俗化内容的融入，主要有以下三种方式。一是创作齐鲁文化VLOG。作为短视频制作者、旅游达人的房琪，在抖音拥有近千万粉丝，她曾是发现之旅频道《美丽中华行》外景主持，后通过拍摄全国各地特色旅游VLOG形成个人影响力，她曾讲解济南宽厚里，为齐鲁文化的VLOG传播提供了成功样板。齐鲁文化微传播应当借鉴这种个性化、直观化、现场化的视角，通过社交化的网络呈现，缩短受众和文化的心理距离，提升受众对地域文化的深切感知。二是创新齐鲁特色文化短视频。现年26岁的王子涛是山东临沂人，日常生活中他就常说方言，没想到正是这个习惯让他踏上了抖音短视频的创作之路。之后，他创建了抖音号“说方言的王子涛”，把山东方言融入短视频中，以段子短视频的方式在网上和网友们分享“山东方言”。现在，王子涛的抖音有700多万粉丝，收获7000多万个赞。他改编的山东方言版《小猪佩奇》视频曾一度火爆，浓郁的山东口音把这个孩子们喜闻乐见的卡通人物

形象赋予了新的“灵魂”。由此可见，齐鲁文化微传播要充分利用短视频视听形象鲜明、播映时间短暂、视频即播即停等传播特征，注重“短视频+齐鲁文化”IP的研发、孵化以及应用开发，主动贴近受众的观看需求。三是创建齐鲁形象卡通动漫IP。通过深入挖掘齐鲁文化资源价值，采用现代动漫技术形式，创建以齐鲁文化为主题的动漫产品，对齐鲁文化传播能产生较大助力。以济南为例，为加大宣传城市形象，济南市政府早在2008年便启动实施了城市文化形象识别工程，征集了包括市树、市花、市鸟、吉祥动物等六个系列的济南城市文化标识，并为六个系列的城市文化标识分别进行了动漫形象的匹配，如果后续能跟进相应活动，也许会使得城市文化标识的推广度、认可度、识别度更加显著。

（三）打通“微路径”，以时效化增强齐鲁文化传播力度

媒介融合传播时代，传播路径的建设对于信息传播力度的提升具有决定性作用。如何打通、拓宽齐鲁文化的新媒体传播路径，进而提升文化传播力度，成为媒介融合视域下齐鲁文化微传播研究方面的主要议题。

开拓齐鲁文化传播“微路径”，从而形成受众的文化认同感、找寻受众的文化归属感。一是把握重大节日、历史文化纪念日等节点，及时推送齐鲁文化微视频、微故事等。如在孔子诞辰日纪念活动、泰山国际登山节、中华黄河龙旅游文化节等活动中，分别提前录制拍摄关于儒家文化、泰山文化、黄河入海口文化的微视频、微故事，在文化活动自身开展的过程中，拓展齐鲁文化传播的微路径。二是精准定位齐鲁城市文化特色，拍摄城市形象微视频进行齐鲁文化传播。例如2021年12月底，济南市委宣传部、市政府新闻办公室就联合推出了最新一版的城市形象宣传微视频——《最美的济南》。三是充分挖掘齐鲁不同地域的日常生活，形成生活化的齐鲁文化微纪录片、微故事片，通过构建齐鲁人民的精神价值，让齐鲁文化讲得出、看得懂、记得住、传得开。通过类似于微纪录片《了不

起的匠人》等新的微传播形式，深拓齐鲁文化传播微路径。

三、技术助力构建齐鲁文化传播新生态

文化发展在国家发展大局中，能够提供最基本、最持久、最重要的原动力。山东应通过做好齐鲁文化的“微表达”，打造齐鲁文化微传播“辐射圈”，共绘齐鲁文化价值传播“同心圆”，形成齐鲁文化传播“微生态”，构建齐鲁文化传播新格局。

当前文化传播的主要受众群体已向“80后”“90后”甚至是“00后”转移，青年人正逐渐成为文化传播、文化传承、文化获取的主力军。用会、用活、用好新媒体，用青年喜闻乐见的形式讲好齐鲁故事、传播齐鲁声音尤为重要。媒介融合时代，应充分利用“线上+线下”传播模式拓展齐鲁文化“微传播”宣讲阵地，运用5G、4K等技术助力齐鲁文化在“微传播”过程中提升传播速率、提高视频清晰度，借助VR、AI、AR等手段让齐鲁文物“开口说话”，将物态化的齐鲁文化遗存转换为数字化的传播符号，通过场景化、生态化的网站讲好“齐鲁故事”，在抖音、快手、哔哩哔哩、微视等新媒体平台开创齐鲁文化“在线直播”频道，通过全媒体矩阵全方面“吸粉”，从而全方位推动媒介融合时代齐鲁文化立体式传播“微生态”的构建。

（作者陈雪系山东传媒职业学院影视制作系教师）

山东皮影艺术的传承与创新性发展

段兰霏

[**摘要**] 自古以来，中华文明在继承创新中不断发展，在应时处变中不断升华，积淀着中华民族最深沉的精神追求，是中华民族生生不息、发展壮大的丰厚滋养。2021年8月12日，中共中央办公厅、国务院办公厅印发《关于进一步加强非物质文化遗产保护工作的意见》指出，“非物质文化遗产是中华优秀传统文化的重要组成部分”“保护好、传承好、利用好非物质文化遗产，对于延续历史文脉、坚定文化自信、推动文明交流互鉴、建设社会主义文化强国具有重要意义”。随着经济发展和社会生产生活方式的变迁，以皮影戏为代表的部分中国优秀传统文化逐渐衰微。本文从文化创新传承出发，以济南皮影和泰山皮影为例，分析山东皮影是如何借助新的科学技术手段，创新表现形式和艺术创作，与时代发展保持一致的；并利用新媒体的多种手段形成山东皮影产学研的良性发展态势，探索山东皮影依托齐鲁地域文化，弘扬非遗风采的传承创新发展路径。

[**关键词**] 山东皮影；传承；创新发展

习近平总书记提出要坚定文化自信，推动社会主义文化繁荣兴盛。在新时期，将中华优秀传统文化创造性转化、创新性发展，对中国上下五千年的文化积淀，取其精华、去其糟粕，科学批判地继承和发展传统文化，将其发扬光大，不断铸就中华文化新辉煌，建设社会主义文化强国，已经成为普遍的社会共识。皮影戏作为中国传统的文化瑰宝，具有极高的艺术价值和文化价值。皮影戏被誉为“中国戏剧之父”“世界电影之祖”。2011年，中国皮影被联合国教科文组织列入“人类非物质文化遗产代表作名录”。

皮影戏最早诞生在两千年前的西汉，成熟于唐宋时代的秦晋豫，极盛于清代的河北，属于傀儡戏的一种。而山东皮影也是从河北滦州传入的，因此，又叫“滦州布影”[①]。在《梼杌闲评》中就有关于明代山东皮影戏的记载，山东皮影在发展过程中，逐渐形成了以济南皮影、定陶皮影、泰山皮影、枣庄山亭皮影和日照黄墩皮影为主的五类皮影。山东皮影，相对于全国其他地区来说，造型简约、质朴，刻工粗犷，敷色古雅。在皮影戏表演过程中，一般有两人或三人，一人操纵一人伴奏或两人操纵一人伴奏，伴奏以打击乐为主，形成了特有的“九腔十八调”唱腔。

随着电影、电视的发展，山东皮影的发展一度到了举步维艰的程度。近几年，伴随着文化创意产业和自媒体的发展，山东皮影在内容和形式上根据时代的要求进行特色创新，也获得了新的生机。

一、内容故事化，形式多样化

传统的山东皮影表演形式早已不适合现代人的生活方式，戏剧内容也不能体现人们生活的点点滴滴，人们无法在皮影戏中获得共鸣[②]。山东皮影在新的曲目与故事中加入了时代元素与受众群体特色，赋予了皮影这种传统艺术以活力与生机。

（一）山东皮影剧目的故事化处理

山东皮影戏植根于山东地方曲艺和方言，在齐鲁文化这个母体下，山

① 袁鹏.鼓声灯影里舞动的精灵：山东皮影的探寻之旅［J］.人民司法（天平），2016（6）：61-64.

② 李跃忠.中国皮影［M］.济南：山东友谊出版社，2013：159-172.

东皮影戏反映了齐鲁文化的特色，与齐鲁文化有着不可忽略的文学姻缘。

车尔尼雪夫斯基认为："美是生活。"艺术美是现实美的摹本，艺术的三大作用是再现生活、说明生活、对生活下判断①。皮影戏作为一种传统的艺术形式，必然成为火热现实生活的摹本，必然伴随着现实生活的发展而发展。山东皮影的代表——泰山皮影，其剧目表演传统上以众多神话传说为蓝本，而在近几年的泰山皮影剧场演出中，泰山皮影针对年轻受众的审美需求，将孩子们喜欢的一些动画片、武侠小说等改编成泰山皮影剧目，把现代卡通形象、现代剧目和皮影相结合，用这种贴近青少年的载体，把皮影的元素根植进去，吸引年轻人来看皮影，让广大的青少年逐渐接收并喜爱这种古老的传统文化。再如，济南皮影在继承优秀传统的同时，结合新时代和济南地方的区域特点，改编了诸如《西游记》《哪吒闹海》等传统剧目，创作出诸如《新媳妇》《乌龟与仙鹤》《喜羊羊与灰太狼》《两块六》等现代皮影戏，同时将一些脱口秀节目搬上皮影舞台，通过选取社会热点内容来编排剧目。为了深化皮影艺术对于青少年的影响，还编排儿童文学经典内容的皮影剧目等，让一些新鲜的、大家感兴趣的内容都通过皮影的形式表现出来，用新的内容培养新一代的皮影观众。

（二）山东皮影演出元素多样化

黑格尔认为，美是理念的感性显现。艺术的发展就是内容和形式相互作用的过程，有时内容超越形式，有时形式超越内容，内容和形式完美结合才是艺术的最高境界。随着各种媒体的迅猛发展，山东皮影固有的表现形式已经明显落后了，所以舞台技术的创新显得尤为重要。不管皮影戏演出的场所是市井勾栏，还是室内舞台，都可以借鉴现代舞台的布景技术，为皮影戏表演设置丰富的演出背景和演出语境，丰富皮影艺术的表现手段。在现代皮影戏演出中，也不乏将像Flash动画、数字舞台美术等多媒体

① 李泽厚.美学论集［M］.上海：上海文艺出版社，1980.

技术运用于皮影舞台的表演，多媒体技术的运用大大拓展了皮影戏表现内容的深度和广度。

济南皮影第五代传承人李娟老师带领其创作团队对皮影戏演出进行了大胆的技术革新。济南皮影用现代的舞台、音响、舞美、灯光、特技等先进技术和皮影戏演出相结合，皮影幕布上增添了不同的时尚元素，布景的灯光更具现代感，呈现出现代舞台的演出效果。传统皮影戏融入了新的时尚元素，使得山东皮影戏的视听效果更具有感染力，更能吸引现代观众。山东皮影表演形式的革新发展，大大提升了皮影的观赏性。

（三）山东皮影人物形式的创新

为了塑造皮影戏典型的人物形象，实现良好的舞台演出皮影效果，皮影戏人物造型必须生动、个性鲜明。最初山东皮影选用的都是旧鼓皮、驴皮等材质来制作皮影形象，这种材质做出来的皮影造型不透明，在幕布上投映出的皮影形象也多显示为黑色，再加上受限于当时的雕刻技术，皮影造型的雕刻图案与花纹也较为粗犷。经过了几十年的创新和发展，上等的牛皮开始成为皮影人物制作的首选原材料，它鲜亮透明，而且易于着色涂油，皮影艺术迎来了五彩缤纷的造型上的革新。而且，随着雕镂技艺的不断发展与成熟，以往稍显简单的人物形象也逐渐丰满起来，从五官、四肢到衣袖、头饰都制作得细致逼真。

皮影造型的革新还远不止于此。早先的皮影戏是源于街头，兴于市井。为了便于操纵和掌握，当时的皮影人物高度只有20厘米出头。后来皮影戏慢慢走向剧场，原本小巧的皮影造型必须变大，才能让更多的观众同时欣赏①。皮影人物形象的高度也在发生变化，30厘米、50厘米、70厘米、1米多的皮影人物逐步出现。

为了满足不同的受众群体，皮影人物造型也更多样化了。青少年喜爱

① 于悦，慕寒烟.百年光影下的济南皮影戏［J］.走向世界，2018（34）：54-55.

的动画片中的卡通形象也成为皮影人物表演的对象，像喜羊羊、灰太狼等。

济南皮影传人李娟一直探索皮影艺术形式的创新，她利用国外流行的蕾丝元素与皮影人物镂空的共通之处，与当下女团组合火箭少女101的赖美云进行了一次合作，制作出了一款中西结合的皮影。李娟设计出了一个穿着蕾丝裙子的小天使皮影，同时也是一个体验装置，皮影的裙子分成多个层次，裙子可以张开，翅膀可以动。这种带有体验装置的皮影作品是对传统皮影人物的极大超越与创新。

二、借力新型媒体，传播皮影文化

传统的山东皮影戏传播方式是在小剧院演出推广，受众群体少，很难吸引年轻人的注意。在新媒体、新技术的背景下，利用网络平台、影像记录等手段，记录这一珍贵的非物质文化遗产的制作表演过程及传承人的口述史，并且进行积极有效的传播，是推动皮影艺术传承及创新发展的有效途径。利用好新媒体的优越性与多样性，在数字化、网络化、平台化模式中，将优秀皮影文化传播出去，形成良好的经济效益和社会效益。

（一）借助影像媒介传播山东皮影

麦克卢汉认为，每一种新媒介都把一种旧媒介作为自己的内容。依据这个观点，所有的新媒体都包含旧媒体的元素，这同时为旧媒体的内容传播提供了一席之地。皮影戏在传播初期就扮演着“电视剧”的角色，把传统的皮影戏与现代的影视传播技术相结合，不仅可以作为影视语言的创新，而且也是皮影戏的创新应用。

影像传播是新媒体环境下传统文化艺术传播的主要形式。通过把皮影的制作工艺、创作过程、传承故事等拍摄成电影故事，或者利用纯记录的方式将这些内容用口述史的形态加以记录，将传统的民间皮影用影视化的语言记录，并传播给受众，也是传承这一艺术瑰宝的有利方式。

山东皮影的代表济南皮影和泰山皮影都与媒体合作，拍摄了纪录片20余部，在各类电视媒体、网站上播出。济南皮影传承人李娟作为皮影专家，中央电视台多次对其进行采访报道。李娟将山东皮影戏这种古老传统的艺术形式融入影视剧中，让影视剧锦上添花，也利用影视剧提高了山东皮影的知名度和影响力。

（二）运用网络媒体传播山东皮影

麦克卢汉认为，媒介即讯息。上网者就是内容，使用者就是内容。山东皮影传承人通过网络平台进行宣传的同时，成为网络平台的内容生产者和原创内容的制作者。山东皮影借助爱奇艺、优酷、腾讯视频等视频平台来宣传皮影艺术，弘扬齐鲁文化，把其独特的艺术特色和文化魅力准确流畅地呈现到新媒体中，让全中国乃至全世界的受众都能够了解中华民族优秀的传统民间技艺。

山东皮影建立了专门的皮影网站，提供了有关皮影的所有相关信息，设立了皮影的历史背景、发展概况、制作流程、雕刻工艺、传承人访谈、经典曲目、资料库等特色板块，将这些内容进行集中整理介绍和展示报道，让更多的受众通过网络媒体更加便捷、快速、直观、全面地了解皮影艺术的全貌。

山东皮影拥有自己的皮影艺术衍生品在线商城，出售经过艺术设计的皮影主题的衍生品：皮影人物、画册、文具、服装等，通过线上渠道，消费者可以直接通过观看视频和图片进行自选和订货，还可以根据个人需求进行私人定制。通过将传统文化艺术与文化产品相结合，使其文化内涵得到更多、更广、更好的传播。

（三）综合利用移动媒体传播山东皮影

目前，微博、微信、抖音等是新媒体传播的主要平台，也是传播效果强大的新兴媒体，民间传统艺术与现代互联网技术碰撞，会产生奇妙的“化学反应”。移动媒体平台的兴起，有利于皮影艺术的宣传与传播。

泰山皮影的产业化发展一直是山东传统民间艺术的成功代表。泰山皮影传承团队以互联网作为平台，借助微博、微信以及当下的热门新媒体终端对泰山皮影进行宣传与推广。他们在微博中组建社区，在微信中创建公众号，及时分享与发布与皮影艺术相关的新闻、图片、视频等信息，让网络上大量的年轻人有了解传统文化的渠道和途径。通过构建一个网络受众能够自由学习、沟通与交流民间艺术和皮影艺术的开放环境，让皮影艺术爱好者之间能够摆脱地域和时间限制，进行实时沟通，不断扩大以皮影为主题的社交群体。

三、打造产业链，推进产学研

皮影有着丰富的文化资源，在演出运作上，很容易形成剧本创意、演出策划、剧场经营、市场营销、演艺产品开发等紧密衔接、相互协作的演艺产业链，也可以在形成文化品牌后通过形象和作品授权等方式，大力开发图书、音像、服装、玩具、文具、主题公园等相关衍生产品，不断延伸产业链，提高产品附加值。

（一）山东皮影衍生品的成功打造

山东皮影在近几年的创新发展探索中，很多富有创意的皮影衍生产品也在不断产生，实现了皮影艺术的产业链商业运作。泰山皮影创意产品包含旅游纪念品、艺术品和收藏品等皮影制品，把有附带齐鲁文化背景知识的产品，以皮影形象，设计结合在一起，既附载了地域文化，又传播了特有的艺术形式。

泰山皮影还开发了皮影舞、全民健身、广场舞等产业，随之迎来的将是服装、教学视频、背景音乐等后续的配套盈利产业，另外，还建立了泰山皮影艺术研究院，开设了皮影主题餐厅，开辟了一系列皮影的衍生品。“皮影体验馆”的创建即是对皮影艺术展演、传习、交流和体验的艺术空间。在皮影体验馆不仅可以看皮影戏，还可以自己动手制作皮影，通过艺术体验，让受众更多、更近距离地了解皮影，接触皮影。

2017年5月，泰山皮影体验馆落户北京前门大街，不到一年时间，接待游客15万人次，泰山皮影受到北京当地市民和全国各地游客的喜欢，特别是首都的孩子和年轻父母，对泰山皮影传统文化项目很关注。泰山皮影体验馆在北京的定位主要是做亲子活动，家长和孩子观看完泰山皮影戏，可以用体验馆提供的DIY产品，做自己喜欢的皮影，做剧目创编，还可以到舞台后面进行表演体验。通过这种体验让孩子对中国传统文化和中国皮影有更全面的了解。泰山皮影传统文化创作团队还结合北京地方文化特色，推出《老北京传说》等产品，非常受人们欢迎。

泰山皮影根据不断变化的市场需求，生产以皮影为载体的内容多样化的产品。皮影传人范正安老先生的外孙女所在的团队为当代人气歌手组合成员设计了皮影形象，在他们的演艺活动中演绎了皮影戏，深受年轻观众的喜爱；皮影团队面向婚庆等市场设置“私人定制”专栏，为公众制作微电影、人物实体皮影等，这些皮影产品迎合市场，将创新的信息及时通过互联网及移动媒体进行宣传与推广，使得皮影工艺品、皮影戏商演等活动也越来越受欢迎。

（二）皮影动画的新方向

皮影动画，开启了山东皮影的创新发展之路，可以将皮影戏与动画相结合制作，让皮影这种传统民间艺术形式更加娱乐化、大众化。山东皮影借鉴影视语言，融合山东地方特色，将民间优秀的传统文化及区域文化编辑成剧情故事，利用皮影的形式将动画片演绎出来，既能够保留皮影本身的特色元素和艺术神韵，又可以用更简单生动的方式让皮影走向更多的受众群体，老少皆宜，在品味故事和形象的同时也对中国民间的传统文化与艺术了解得更加深入透彻。

结语

“文化强国”发展战略的提出，使得传统文化的传承与发展有了更大的责任与价值。新媒体技术的发展给传统文化的创新与广泛传播提供了数字化、网络化、平台化的机遇与条件。山东皮影艺术在新媒体环境下进行自身转化的同时，更重要的是要尽量保持自身独特的艺术风格、艺术样式、艺术魅力。在发展与创新中，随着时代的需求加入现代元素与时代特色，创新表演形式，展现新时代中华民族精神风貌，赋予传统皮影艺术新的活力与生机，把中国优秀的传统文化传播到世界各地。用传统艺术讲好中国现代故事，树立中国独一无二的文化形象，增强民族自豪感和自信心，让皮影艺术的创新应用成为中国文明与世界文明交流的纽带。

（作者段兰霏系山东传媒职业学院影视制作系教师）

与时俱进、知行合一
——浅谈齐鲁传统文化的现代性转换

李　燕

［**摘要**］齐鲁文化是齐文化与鲁文化的有机融合，它作为一种地域性文化，在其起源、融合发展的历程中，对中华文化乃至世界文化的发展做出了重大贡献，具有非常重要的历史地位。齐鲁文化所追求和倡导的“爱国”“务实”“创新”“仁爱”“诚信”等精神，形成了一种代代相传的精神内涵。习近平总书记在党的十九大报告中号召全国人民“坚定文化自信，推动社会主义文化繁荣兴盛”。齐鲁文化作为中华文化的重要组成部分，通过对其进行传承、转化和创新等创造性转换，将民族特色与时代精神结合起来，有利于弘扬中华优秀传统文化的丰富内涵和精神特质，有助于延续中华民族的精神血脉，从而增强中华文化的世界影响力，为现代社会的健康发展和青年理想人格的培育做出贡献。

［**关键词**］齐鲁文化；地域性；现代性

随着国家对传统文化的不断重视和关注，诸多学者对齐鲁文化的基本精神内涵进行了梳理与总结，并进行了较为精练的阐释。齐鲁文化是在齐文化和鲁文化的基础上发展起来的一套较为系统的文化体系。在中华文化几千年的发展过程中始终占据着重要地位。逄振镐认为，齐鲁文化作为一种与时俱进的先进文化，具有“紧密契合社会现实的理论创新意识；俯仰天地的人文情怀；奋发有为的积极进取精神；经世致用的学术特点”。[①]陈立明认为，齐鲁文化的基本精神与中华民族精神相一致，齐鲁文化是中华文明的主干，以其丰富的内容、完整的体系、极大的包容性、适时的先进性、强有力的凝聚性和顽韧的生命力，集中地体现了中华民族精神，奠定了中华传统文化的基础。[②]李伯齐认为齐鲁文化包含三个方面：第一，齐鲁文化兼容并包，具有开放性和包容性；第二，齐鲁文化是齐文化崇法重利与鲁文化重德隆礼的融合，具有法治、德礼兼重的特点；第三，齐鲁文化蕴含人道精神与和合思想。[③]颜谱认为，齐鲁文化具有崇尚刚健的自强不息精神，崇尚国家的爱国主义精神，崇尚有为的能动创造精神，崇尚民本的厚德仁民精神，崇尚群体的大公无私精神等基本精神内涵。[④]魏建等认为，齐鲁文化还具备以下区域特质：非官方的正统性，“崇德”及“尚仁”的道德追求，士“志于道”的古典人文精神。[⑤]王修智认为，齐鲁文化以儒家文化为主体和核心，承上启下，继往开来，将五千年中华文明连为一条不断的长河，具有极其丰厚的思想内涵，主要是：以人为本，以仁为核心，以德为美，以孝为先，以和为贵，以礼为范，以“中庸”为基本方法，以天人合一、阴阳和谐为最高境界。[⑥]

齐鲁文化是超越了山东地域限制而被世代沿袭的精神文化体系，它在集体与个人的比较中强调集体，在权利与义务的比较中强调义务，在和谐与冲突的比较中强调和谐，在品德与能力的比较中突出品德。齐鲁传统文化与现代社会呈现出复杂的辩证关系：一方面，现代社会对齐鲁传统文化

① 逄振镐.东夷文化研究［M］.济南：齐鲁书社，2007：4，5-11.

② 于志平，陈立明.齐鲁文化及其现代价值［J］.中央社会主义学院学报，2007（1）：64-68.

③ 李伯齐.也谈齐鲁文化与齐鲁文化精神［J］.管子学刊，1999（4）：45-49，74.

④ 颜谱.齐鲁文化的基本精神内涵［J］.东岳论丛，2002（6）：101-102.

⑤ 魏建，贾振勇.齐鲁文化特质及其演变复杂性的再认识［J］.齐鲁学刊，2000（3）：102-107.

⑥ 王修智.齐鲁文化与山东人［M］.济南：山东人民出版社，2010：161-190.

表现出背离与反叛，另一方面，现代社会本身的弊端又需要从齐鲁传统文化中寻求补偏救弊的药方。但是，作为农业文明孕育的人文价值观念，齐鲁传统文化也必须经过现代的创造性转化，将民族特色与时代精神结合起来，才能真正为现代社会的健康发展和理想人格的培育做出贡献。

总之，现代社会无法克服的价值缺陷难以在自身的理性话语中找到解决的答案，更无法单纯依靠完善制度或健全法制来补偏救弊。机器、工具、契约乃至法律给予现代社会的是强大而无情的助推力，而温柔敦厚的齐鲁传统文化给予的却是终极永恒的人性关怀。因此，现代社会的发展无法离开齐鲁传统文化的呵护与养育。然而，向齐鲁传统文化的复归不是简单地移植古人的思想观念，虔诚地膜拜圣人语录，或者开几堂国学课、行几次成人礼就能实现的。齐鲁传统文化在现代社会的弘扬必须经过转化和对接，必须使诞生于两千多年前的文化精神内核呈现出崭新的时代风貌、焕发出活泼的时代气息。具体而言，齐鲁传统文化的现代转化要经由如下途径。

一是损益优劣，对齐鲁传统文化做出合理选择。齐鲁传统文化作为一整套文化精神体系，涉及社会生活的方方面面，对小到言谈举止大到处世哲理等各领域有着详尽规定。然而，这其中也有许多值得商榷甚至需要批判的观念，是进行齐鲁传统文化现代转化时首先需要审慎辨识和选择扬弃的。例如，对尽孝这古今同一的家庭义务就应做出辨别。孝敬父母、尊重长辈是社会成员的家庭美德，所谓尽孝既要包括经济上的赡养，也要包括精神上的陪伴，这与曾子所言“大孝尊亲，其次弗辱，其下能养”（《礼记》）的观念是一致的，而若能“立身行道，扬名于后世，以显父母”（《孝经》）则是“孝之终也”。但齐鲁传统文化还有对孝的另一种规定，“父在，观其志；父没，观其行；三年无改于父之道，可谓孝矣”（《论语·学而》），即不改变父母的思想、志愿才是孝，这显然是一种不具体情况具体分析的愚孝，与现代社会的科学理性精神相违背，也与现代公民的生活方式不相适应。因此，在弘扬齐鲁传统孝道文化的同时，必须剔除其中的落后因素。此外，齐鲁传统文化对等级观念的强调，对熟人圈子思想的推崇以及重守成不重创新的观念，都应该加以辩证地批判。

二是与时俱进，为齐鲁传统文化注入新的时代内涵。黑格尔在《哲学史讲演录》中说过："传统并不仅仅是一个管家婆，只是把它所接受过来的忠实地保存着，然后毫不改变地保持着并传给后代。它也不像自然的过程那样，在它的形态和形式的无限变化与活动里，永远保持其原始的规律，没有进步。"[①]齐鲁传统文化之所以能历经两千多年而不衰，一个重要原因就是齐鲁传统文化本身不断从时代发展中吸收新的思想、观念、话语，通过与具体社会历史语境的对接实现自身意义的丰富与新变。作为"传统"的齐鲁文化，正是以时代效用的发挥而彰显永恒魅力。进入21世纪，社会发展呈现出前所未有的复杂性、多元性、快速性，新技术的发明、新阶层的跃升、新话语的占位都在对社会文化心理的塑造和主流价值体系的构建提出更高要求。而起源于农耕文明、昌盛于封建社会的齐鲁传统文化必须要以"现在"为坐标进行整体转化，使其价值导向和文化观念所对应的行为准则、实践内容具有普遍可行性，能为现代社会公民所接受和认可。例如，齐鲁传统文化对人格美德中有一项要求即"义"，在封建社会道德规范中，它是用来衡量人与人之间情感厚薄的尺度，重情轻理，"歃血为盟""哥儿们义气""为朋友两肋插刀"是"义"所强化的内涵。而现代社会道德观中的"义"，必须超越兄弟情义、人情局限，上升到美丑、善恶、真伪判断层面，惩恶扬善、坚持真理、不畏强权、敢于和邪恶做斗争是"义"的新指称。从朋友之"私义"到社会之"公义"，"义"的价值指向发生了变化；从情感之"道义"到真理之"正义"，"义"的精神内涵发生了扩容。因此，对作为美德的"义"之阐释与宣传、倡导和弘扬必须体现时代要求。

三是知行合一，将齐鲁传统文化导入社会日常生活实践。现代社会对

① 黑格尔.哲学史讲演录：第1卷［M］.贺麟，王太庆，译.北京：商务印书馆，1959.

齐鲁传统文化的诉求不仅仅停留在对人们文化心理的塑造上，更要求将这一道德理性转化为实践行为，整合到生产和生活方式之中。马克思在《关于费尔巴哈的提纲》中写道："哲学家们只是用不同的方式解释世界，而问题在于改变世界。"[①] 齐鲁传统文化作为崇尚德行的伦理文化，在崇善尚美的同时，往往忽视对真的探求，在重视道德修养的同时，往往忽略对工具理性的培养。实际上，现代社会的发展无法离开科学进步、技术发明、健全的法制以及完善的民主制度，而这些正是齐鲁传统文化的人伦道德所轻视的。因此，将道德理想与工具理性结合起来，将形而上的生命意识与形而下的日常实践融会贯通，才能对现代社会的健康发展做出有益贡献。

综上所述，中国社会的现代化转型虽然伴随着对传统的否定，但现代化本身弊端的暴露，使齐鲁传统文化的价值和意义再次凸显出来。事实上，中国现代社会发展到今天，转而从齐鲁传统文化中寻求精神支持与价值依托，不仅是解决现实问题的迫切要求，更是一个民族文化自觉、日渐成熟的表现。而古老的齐鲁传统文化要真正融入现代社会，也必须经过内容与形式的双重转化，接受时代精神的渗透与感染。只有将传统文化与时代特质，将民族特色与世界眼光结合起来，才能真正创造出具有中国特色的文明成果。

（作者李燕系山东传媒职业学院影视制作系教师）

① 马克思，恩格斯.马克思恩格斯文集［M］.中共中央马克思恩格斯列宁斯大林著作编译局，编译.北京：人民出版社，2009.

齐鲁文化的内涵及其当代价值

尚乃贵

［**摘要**］齐鲁文化的内涵有广义与狭义之分，广义的齐鲁文化泛指在先秦齐文化和鲁文化基础上形成的礼乐文化；狭义的齐鲁文化则专指春秋战国时期齐文化与鲁文化的综合。齐鲁文化的精神主要表现在：崇尚刚健的自强不息精神；崇尚国家的爱国主义精神；崇尚有为的能动创造精神；崇尚民本的厚德仁民精神；崇尚群体的大公无私精神等方面。齐鲁文化是中国传统文化的核心内容之一，其表现出的基本精神，对中国特色社会主义先进文化建设具有重要意义，仍是当今山东人为人处世的道德准则；其中蕴含的家国同构的爱国主义精神对建设社会主义文化强国具有重要时代价值。挖掘齐鲁文化的内在价值，提升齐鲁文化的影响力，实现其创造性转化和创新性发展，必将助力主流意识形态建设。

［**关键词**］齐鲁文化；内涵；当代价值

齐鲁文化源远流长，不但对中国传统社会价值观念的塑造意义重大，而且对当今社会主义文化强国建设意义深远。齐鲁文化发源于山东大地，其作用却远超齐鲁之地域，探讨齐鲁文化的当代价值就意味着必然要对齐鲁文化的内涵做出解读。

一、齐鲁文化的内涵

对于齐鲁文化的内涵，学界存在两种基本观点：一种观点认为，齐鲁文化专指春秋战国时期的齐国文化和鲁国文化的综合；另一种观点认为，齐鲁文化是在先秦齐文化和鲁文化的基础上形成的一种礼乐文化，在后世的演进中，突破地域性界限，成为全国性的主流文化。这两种观点分别从狭义和广义层面上定义了齐鲁文化的内涵。广义的齐鲁文化，从地域上看是指古齐鲁两国领地，即今天的山东省地域，时限上来说贯古通今，是与中原文化、燕赵文化、吴越文化、荆楚文化等地域性文化体系并列的文化。狭义的齐鲁文化是指“以先秦时期的齐、鲁两国的文化为内核和主干，以两国文化的渊源发展和延续为主要对象的文化。”①这两种观点的主要分歧在于时间的跨度上，狭义的齐鲁文化的时间是公元前11世纪至公元前3世纪秦汉时期在齐鲁产生的文化。本文所说齐鲁文化是有时限的，是狭义的，在秦汉以后的齐鲁文化都是狭义齐鲁文化的继承和延续。

二、齐鲁文化的主要内容

文化作为价值传播的载体，表现形式呈现多样性，最主要的形式分为三种，即观念形态的文化、物质形态的文化和规范形态的文化。齐鲁文化作为地域性文化，表现形式也可以以这三种形态来认识。作为观念形态的齐鲁文化即齐鲁文化精神，作为物质形态的齐鲁文化即当时创造的各种工具、器具以及“文化遗存和人文景观”，作为规范形态的齐鲁文化即流行于齐鲁大地的风俗习惯、山东人的性格特点、行为方式等。

从观念形态来看，齐鲁文化首先承载于书籍、典籍等文献记载下来的

① 王志民.齐鲁文化概说[M].济南：山东文艺出版社，2004.

思想、智慧上，它的主要内容是“以人为本，以仁为核心，以德为美，以孝为先，以和为贵，以礼为范，以‘中庸’为基本方法，以‘三纲’‘五常’为主要内容，以天人合一、阴阳和谐为最高境界”。[①]其文化精神主要表现在：第一，崇尚刚健的自强不息精神；第二，崇尚爱国的爱国主义精神；第三，崇尚有为的能动创造精神；第四，崇尚民本的厚德仁民精神；第五，崇尚群体的大公无私精神。[②]齐鲁文化从实质上讲，“崇周礼、重教化、尚德义、重节操”[③]，更加崇尚礼的存在，是一种礼乐文化，一种伦理文化。自战国后，齐鲁文化与其他文化不断融合，汉武帝时期“罢黜百家，独尊儒术”的政策，使得以儒家思想为代表的齐鲁文化获得了至高无上的地位。两汉以后，齐鲁文化与中原文化、三晋文化、荆楚文化进一步融合，形成了以齐鲁文化为核心的中华文化，担负着引领文化发展方向的重任。

从物质形态来看，齐鲁文化为中华文化贡献了大量名人名家名典、各种文化遗存和人文景观。历朝历代，山东地区名人名家辈出。先秦时期的诸子百家中，“至圣先师”孔子、“亚圣”孟子、“兵圣”孙武都是其中的典型代表。另外，《论语》《孟子》《大学》《中庸》《墨子》《庄子》《孙子兵法》等一大批传世之作，其作者要不是山东人，要不居住在山东。钱穆先生在《中国历史精神》一书中形容“山东人最有做中国标准人的资格。他们最强韧、最活跃。”大圣人、大文人、大军事家、大政治家，各种伟大典型的人物，既能在一个时期人才济济，又能在历史发展中人才辈出。

从规范形态来看，正是在齐鲁精神的指引之下，山东人形成了信义、忠诚、爱国的品行。《二十四孝》中24个孝子有10人是山东人或住在山东：虞舜“孝感动天”、曾参“啮指痛心”、闵损“芦衣顺母”、仲由“百

① 王修智.齐鲁文化对山东的深远影响［J］.理论前沿，2008(13)：27-28.

② 颜谱.齐鲁文化的基本精神内涵［J］.东岳论丛，2002(6)：101-102.

③ 杨朝明.山东精神：公、信、仁、和——基于孔子“大同”社会理想研究的思考［J］.孔子研究，2012(5)：110-113.

里负米”、郯子“鹿乳奉亲”、老莱子“戏彩娱亲”、董永“卖身葬父”、江革“行佣供母”、王祥“卧冰求鲤”、杨香“扼虎救亲”。另外，在近现代革命以及新中国建设、改革开放过程中，山东英模辈出、典型人物不断涌现：从焦裕禄、孔繁森这种一心为民的好干部，到沂蒙六姐妹的舍小家为大家，体现的正是山东人的品质、山东人的精神，而在背后所折射出的，正是一脉传承的齐鲁文化、齐鲁精神。

三、齐鲁文化的当代价值

社会不断发展变化，传统文化与现实文化、外来文化与本土文化交织融合，尤其是中国改革开放以来的四十多年，受西方工业文明、制度观念、思维方式等全方位冲击影响较大，产生了许多模仿西方文化的话语、观念、词汇、思维方式，但是原生的齐鲁文化仍然需要扎根传统沃土。对于齐鲁文化的当代价值，我们也必须秉持科学态度、辩证思维来对待。如何展现齐鲁文化的当代价值意义重大，我们不能全盘否定齐鲁文化，当然更不能不加选择地盲目信奉、一味颂扬。齐鲁文化中的许多优秀思想，可以为当代社会主义核心价值观建设、公民道德建设等提供更多理论依据或者精神导引。

（一）齐鲁文化中的信义思想仍然是当今山东人为人处世、经济往来、修身立业的道德准则

“人而无信，不知其可也”（《论语 · 为政》）、“自古皆有死，民无信不立”（《论语 · 颜渊》）、“诚者天之道也，思诚者人之道也”（《孟子 · 离娄章句上》）……时至今日，这些传承两千多年的经典语录，仍然在以各种方式影响和引导着山东人、中国人。市场经济大潮冲击之下，很多人产生了金钱至上的错误观点，更有甚者会为了获得金钱不惜铤而走险，误入旁门左道。事实也反复证明，这种做法不仅错误而且危险，大数据时代背景

下，不论是日常商业活动还是朋友交往，只有守诚信、重信义的人，才能走得更远，走得更顺。

（二）齐鲁文化中家国同构的爱国主义精神是山东人始终不渝的情操

“修身、齐家、治国、平天下”，齐鲁文化历来强调“家”与“国”，而且一直主张“家是小国、国是大家”的家国同构原则。在这种精神指引下，山东人历来重视维护国家尊严的重要性，更以国家生死存亡作为自己的重要使命和不可推卸的责任。民族危难之际，才会有那么多仁人志士舍生取义。当代社会，爱国主义仍然是一个公民的基本素养，是社会主义核心价值观最重要的内容之一，齐鲁文化中的保家卫国、没有国家哪来小家等爱国主义思想仍然至关重要。

（三）齐鲁文化中的“和合”思想，对于创建和谐社会有重要的启发意义

作为齐鲁文化的重要组成部分，“和合”思想影响深远。孔子强调“和为贵”“君子和而不同，小人同而不和”，强调国家治理、社会运行、人际交往要注意“和合”。孟子则提出“天时不如地利、地利不如人和”，把“和合”思想进一步由人与人、人与社会，扩展到了人与自然的和谐相处。当代社会，人类生存所处的国际国内环境竞争激烈，人与人之间，人与社会之间以及人与自然之间，都产生了一系列问题，地区间冲突不断、战争危机一触即发，人类为了生存发展而过度开发甚至破坏自然资源的情况不断出现。在构建人类命运共同体的大趋势下，“和合”思想将为这些矛盾的解决提供良好的思路和借鉴。

总之，挖掘齐鲁文化的深刻内涵，在当代社会条件下继承和发挥齐鲁文化的当代价值，让齐鲁文化更好地为山东、全国乃至全球的经济和社会

发展贡献智慧和力量，既是一个古老的话题，也是一个全新的挑战。只有将文化传统与时代发展的特质结合，古老的齐鲁文化才能真正融入现代社会，真正展现其价值和魅力。

（作者尚乃贵系山东传媒职业学院影视制作系教师）

青年视角下的非遗影像创作

翟　特

[摘要] 非物质文化遗产（简称“非遗”）是民族文化中的重要组成部分，它凝结了千百年来人民群众的高超智慧，对非物质文化遗产的传承与传播，是民族精神传承的重要方式，作为从事传媒行业的年轻人应该担当起传承传统文化的责任。近年来，移动互联网新技术飞速发展，不仅改变了我们的生活方式，也改变了文明与文化的传播方式，非遗影像传播也借助互联网获得蓬勃发展，打破了非遗传播的地域性限制，让国人看到了中国味道的非遗影像，让世界领略到了中国深厚的文化根基。在互联网背景下的非遗影像创作打破了传统纪录片的表现形式，融入了青年人的新视角和新时代的新元素，也让更多年轻人爱上中国非遗。年轻血液的不断注入，会让非遗影像走得更远，迸发出新的生机和活力。

[关键词] 非物质文化遗产；影视创作；影像语言；互联网传播

一、青年视角：让“老物件”更有精神魅力

青年视角下的非遗影像创作是以尊重非遗文化客观呈现为基础，并加入当下流行的表现形式，是一种融合式的影像新呈现。其主要创作团队也表现为年龄结构年轻化和人员构成专业化。新青年对非遗文化的影像呈现，在挖掘文化、演绎文化的过程中更注重年轻化的视角，尊重非遗文

化、传承非遗文化，让这些非遗项目和传承人得以走进大众视野。在镜头语言的运用中，他们拍摄建筑不再只是渗透着承载历史与文化的神秘感，而更多地注重体现历史的温度，拉近人们与非遗文化之间的距离。非遗文化来源于民间，所以在传播中他们更注重回归民间，回归现代生活，让非遗影像受众有触碰感、体验感、真实感。唯有真体验，才会有真感受，而文化的传播更是如此。

2018年北京卫视与爱奇艺视频平台推出的《上新了·故宫》，以全新的形式将北京故宫的神秘历史与文化推向了大众。与传统历史纪录片不同，《上新了·故宫》引入了明星助阵，并联合相关专家共同探寻故宫的宝藏与背后的历史文化，邀请相关设计师引入故宫文化周边设计，在第三季中还加入了小剧场元素，用多种方式将观众带入文物的“身世”中，让节目内容不再只是文化探秘，更融入了文创运营，大大地吸引了年轻受众的眼球。同类栏目《我在故宫修文物》有异曲同工之妙。随着非遗影像从爱奇艺、腾讯视频、优酷等视频平台的传播逐步流向短视频平台，让非遗影像的传播插上了腾飞的翅膀。以快手为例，2018年，非遗视频总量达1164万条，250亿次播放曝光。视频发布数量排名前十的非遗内容里，仅秦腔就有94万多条，秧歌79万多条，面人52万多条，豫剧43万多条。

非遗文化的传承与传播需要结合当下受众的喜好，搭建起一条绵延不断的传承之路。青年视角正是让“老物件”的内涵与文化得到传递的同时让年轻一代受到感染。“老物件”的精神魅力传递是民族文化源远流长的根本保证。

二、记录传承，正是用新方式扛起社会责任

“视听觉语言作为世界通用语言，影像记录作为民族文化生存的表征性符号，电影必须掌控民族文化的话语权，电影必须表达民族文化的主流

意识。”[①]非遗影像，是以一种新的方式对民族文化进行传承。新青年逐步承担起文化传播者的重要角色。

非遗影像的发展之路并不只是影像艺术的发展之路，也不是单纯的文化传播之路，更多的是践行保护非遗社会责任的履责之路。有太多的非物质文化遗产的传承需要发掘，需要让国人领略它们的魅力，更需要有新一代的传承人将它们代代相传。让“人在艺在，人亡艺亡”的非遗文化脱离濒危境地，让更多人了解濒危非遗文化，以全新的视角捕捉非遗的文化魅力，让更多年轻人关注非遗，投身非遗文化的传承，促成“旁观者—爱好者—传承者”的身份转化。

我们的民族文化是随着历史的变迁、时代的发展越来越丰富，越来越强大的，用镜头记录传承，用镜头传递非遗魅力，是新时代下新青年用新方式扛起的社会责任。

三、青年视角带来的非遗影像多样化呈现

非遗影像的创作过程与一般影视作品创作过程大致相同，前期准备、实际拍摄和后期制作是三个重要环节，就非遗影像创作而言，前期准备需先了解所拍摄的非遗文化，编写剧本，实地考察拍摄场地，以及拍摄人物的设定，前期工作是为整个影像的完美呈现做好完善的准备。

由于非物质文化遗产具有自己的特性，在拍摄过程中要将真实性、完整性、全面性三者结合起来，达到辩证统一的效果。拍摄非物质文化遗产保护项目，要拍摄出它的文化内涵，拍摄出它的真实性。[②]非遗影像的拍摄不能为追求新而“擅作主张”，尊重文化的真实性与客观性是拍摄的基本准则，毕竟非遗影像的传播根本上就是为了让我们了解这段文化。但追

① 刘利，张路光.电影传播的文化意义与话语权［J］.电影评介，2009（8）：18.

② 王国彦.非物质文化遗产保护中的影像记录［J］.剑南文学（经典教苑），2012（8）：275.

求客观真实并没有局限了非遗影像的多样化呈现，把传统手艺、传统习俗、传统演艺与现代审美与生活习惯相结合，就是把非遗文化带到我们的生活里，并带动了文化的传递。

新一代的青年力量，把非遗传承人推到了幕前，伴随着非遗衍生品、文创周边的推出，让“非遗”不仅没有变味，反而拥有了新的呈现与时尚解读。“老物件”有新味道，“老物件”有它的独有文化魅力，“新视频的魅力+新平台的产销对接”恰如其分地找到了市场需求的契合点，吸引更多年轻人加入非遗传承队伍中来。

四、做好短视频传播，让非遗的声音更快更远

随着网络技术与媒体平台的不断变革，视频平台也迎来了传播的变革。短视频平台的发展，也带动了短视频的变革。快手从记录美好生活开始，抖音瞬间火遍世界，短视频的传播速度大大超出了以往视频平台的传播速度。传播内容也是多领域的，娱乐性的、经济性的、公益性的……内容五花八门，总能让受众找到自己的喜好，抓住他们的眼球。以此也产生了大批短视频创作者，不断丰富短视频的内容，让短视频的潜力可以得到更大程度的挖掘。

短视频时代的到来也为非遗影像的创作与传播提供了新的平台与新的方式。短视频的非遗影像大大摆脱了传统非遗纪录片、大型影片的制作成本压力与推广压力。微影像的快速性、准确性、精致性、记录性和文化的可视听性都让微影像的时代作用越发凸显。微影像在非物质文化遗产传承保护中无论是用于保存、宣传，还是对传统文化的传承与发展，乃至促进影视高校课程改革，深化校企合作，都具有非常重大的意义。[①]

① 廖芳.微影像在非遗传承保护中的承上启下作用：以四川文化产业职业学院摄影摄像技术专业课程建设为例［J］.四川省干部函授学院学报，2018(3)：16-17，24.

2020年，快手推出“快手有非遗”“我的非遗技艺”“我向大师取点经”的话题，活动期间共征集到6.9万个作品参与，视频播放量累计近3.2亿次。活动期间还邀请到郎佳子彧、郭石刚、杨雪等几十位国家级和省、市级非遗代表性传承人参与官方活动和宣传片录制，这其中也有大批的青年非遗传承人。活动一经推出，激发了年轻一代的非遗文化保护欲与传播欲，并为非遗影像的发展提供了重要的受众心理诉求考量依据。

我们也要正视短视频“爆红”后的“爆冷”现象，在流量当道的时代，如何让“非遗网红”走得更远，让大众一直保持新鲜感，这不仅是非遗文化自身的演变与发展，更是非遗影像创作的新青年们不断思考的问题。非物质文化遗产的魅力是无穷的，是在不断进步与发展的，时代的进步、科技的进步也会让传播方式、传播手段随之进步。保持创作与挖掘的热忱，短视频的发展之路也将任重道远。非遗文化传承之路需要保持对文化的敬畏之心，同时也要继续发挥革新的能力，将非遗的魅力以不断创新的影像形式丰富并传承下去，让一代又一代人感受到其温度与情感。

（作者翟特系山东传媒职业学院影视制作系教师）

熟悉的陌生
——互联网青年文化背景下的齐鲁文化创新传播

王英静

[摘要] 中国传统文化虽然博大精深、资源丰富，但由于时代的发展演变，年轻一代对传统文化不够了解，产生了较大的文化隔阂，这种隔阂与时代发展有关，也与传统文化不够与时俱进、与时代脱节有关。如何将传统文化与时代发展相结合，与青年群体的审美接受心理相结合，是需要我们深入思考的一个问题。从传播的角度来说，传播的内容如果不能让接受者产生兴趣或关注，那么这种传播的效果就会比较差甚至是无效的。我们必须要研究接受者的接受心理，找到传统文化与时代的结合点、与受众的关联点，才能有效地传播和创新传统文化，使之产生新的生命力。齐鲁文化的传播也是如此。

[关键词] 隔阂；审美心理；脱节；互联网

在互联网快速发展的今天，年轻一代越来越倾向于从互联网中获得知识和情感体验，互联网成为当今社会最重要的传播途径。在这样的历史背景下，我们需要转换思维方式和角度，从互联网传播和年轻人的接受心理的角度来重新审视和研究齐鲁传统文化，利用互联网的优势，将齐鲁传统文化融于互联网文化，使之变成一种新的文化形态。让齐鲁传统文化变成熟悉中有陌生，陌生中有熟悉，被更广泛的青年人群所接受的文化，从而达到传承与创新的目的。

互联网时代的年轻人思想活跃、追求个性，对新鲜事物较为敏感，也更感兴趣，喜欢轻松、休闲的生活方式，对过去的历史和传统不太感兴趣，缺乏探究历史的欲望。但当前的年轻人创新意识较强、整体素质较高，如果加以引导，就会迸发出极大的创作热情。我们正好可以利用互联网和年轻人发散思维的优势，将齐鲁传统文化的元素与当前流行的网络文化元素相结合，既能拓展网络文化的创作空间，提供更加丰富的想象元素，也可以让传统文化复活，焕发出新的生命力。

目前网络游戏和短视频是受众最广的网络文化类型，我们可以将齐鲁传统文化中可以与网络游戏、短视频相结合的神话传说、经典历史故事、民俗、古迹、诗词歌赋等非物质文化遗产筛选出来，开发具有地域特色的网络游戏和短视频，并结合年轻人的审美心理和接受心理，重新改造和创新，打造新的IP（Intellectual Property，知识产权）文化品牌，从而带动和引导年轻人了解和接受传统文化。比如腾讯手机游戏（简称“手游”）《自由幻想》创作团队，携手山东省艺术研究院、蓬莱八仙过海旅游集团联合发布了“八仙非遗守护计划”，试图在更多形态中，通过内容共创，让八仙文化重回大众视野。在传统文创形态的帮助下，《自由幻想》手游将在剪纸、音乐、工艺、绘画等领域开展多元合作，如邀请国家级非遗“高密剪纸”传承人李金波，以幻想八仙元素为基础创作八仙剪纸，与中国地质大学（武汉）珠宝学院、原创首饰定制平台“CUO”合作，通过专项比赛的方式，邀请覆盖清华美术学院、中央美术学院、中国地质大学等众多高校和卡地亚、蒂芙尼等知名品牌的设计师，围绕八仙元素进行珠宝设计，邀请国内知名的音乐制作人、歌手合作推出八仙主题的主题曲等。这个计划找到了年轻人的喜好点，游戏也好，旅游也罢，甚至多种多样的文创大赛，“八仙非遗守护计划”的目标客群对准了那些年轻用户。他们是延续八仙文化的关键，也是让八仙文化在现代重塑价值的主力军。在处理方式上，该计划不是开一次八仙文化博览会，填鸭式地讲“知识点”，对于现代年轻人来说，这是最差劲的选项。《自由幻想》手游与合作伙伴们，更看重年轻用户的参与感，无论是音乐绘画还是工艺文创，甚至在游戏社区里，用户都有发挥自己光热的所在。只有当年轻用户真正加入八仙文化中，成为八仙文化的创作者，八仙文化才会真正得到守护与弘扬。

短视频也是宣传传统文化的重要载体和阵地。山东的传统文化资源非常丰富，但在开发利用方面还不够充分，还有很大的开发空间。以往对山东地域民俗文化的传播主要体现在传统曲艺和影视剧中，但随着网络的兴起和快速发展，传统戏曲和影视剧已经失去了主流传播的优势，短视频成为当前最为主流的传播媒介。要想让山东的传统文化重新焕发生机，必须借助于短视频的传播优势。《齐鲁文化微访谈》以山东名人讲家乡、谈齐鲁文化作为节目主旨，选择用音乐诠释儒家文化的歌者皓天、荣获“全国德艺双馨电视艺术工作者”称号的山东籍演员靳东等作为齐鲁文化的传播使者，通过他们的生活细节或感悟分享，对齐鲁传统文化的宏观记录与传播做出了有益的视觉补充。如动画短片《好客山东·福乐寻宝历险记》，有助于青少年受众感知齐鲁文化背景的故事细节，从而加深对中国传统文化内涵的理解。动漫手法应用于微纪录片中，消解了传统文化原有的严肃、古板，打造出了轻松有趣、自由随性的文化快餐，拓展了文化纪录片的受众面。从微博、抖音等具有短视频分发功能的新媒体平台分析，以二更视频“更山东”和抖音作为样本，“更山东”中发布的章丘铁锅工艺微视频，播放量达39万次。由于抖音具备传播题材的多样性和平台的互传优势，这种非官方的齐鲁文化微视频传播兼具多个圈子身份的用户，将节目观众转化为互动用户，将用户培养成具有黏性的粉丝，这种分发策略有利于拓展纪实影像在新媒体平台的传播形态，巧妙提升文化类微视频传播的效果。

虽然借助互联网的优势，齐鲁文化的传播取得了一定的成效，但还仅仅停留在起步的阶段，远远没有实现齐鲁文化的全面复兴和品牌效应。所以，我们还需要深入思考和总结成功案例经验，改变思维模式，大胆借鉴国外的创新模式，形成一整套完整的传播理念，指导我们的创作实践，从而拓展传播途径和提升齐鲁文化的影响力。

一是发散思维。也就是要扩大想象空间和增强创新意识，将原本熟悉的传统文化变成有一些陌生感的文化产品。我们要重新审视传统文化的当代价值和当代意义，将原本已经固化的观念和形态重新包装，重新注入内涵或形式。我们要重新思考我们要传播什么内容，传播给什么样的人。比如传统的手工艺能不能和当前的流行文化相结合，我们不仅要考虑它原本的内涵和形式，还要考虑它还能变成什么样的内涵和形式。捏面人的手工艺能不能和当前的影视文化相结合，塑造出大家比较熟悉的明星人物或影视人物形象，能不能根据需求方的要求进行个性化的定制，传统曲艺能不能演绎现代故事，传统诗词歌赋能不能变成流行音乐，山东境内的神话传说和名人故事能不能拍成动画片或开发成网络游戏等。日本动漫对日本传统文化的借鉴和重新阐释就很好地弘扬了日本传统文化。

二是换位思考。以市场为导向，以受众需求为传播目标。深入思考观众想看什么，而不是想让观众看什么。根据受众的接受心理和审美心理来对传统文化进行改造和创新。

三是不离根本，提炼内核。深刻理解传统文化的当代价值或永恒价值，提炼出与时代发展相结合的内涵，并加以改造。但这种改造虽然改变了形式，其内核却是不变的。要想与时俱进，需要具备发展视野、未来视野、国际视野、人类视野。比如《功夫熊猫》虽然是一部动作电影，加入了很多吸引观众的情节和特效，将中国传统的功夫与熊猫两个传统文化符号结合在一起，但它所传达的依然是传统的人性中善与恶、阴暗与光明的较量，依然在表达基本的人性特点。“八仙过海”的故事原本是表现芸芸众生的富贵贫贱的命运变化，即使是变成了网络手游，人物造型发生了天翻地覆的变化，但其故事和人物的基本内核依然是富贵贫贱的人生命运。在这样的基本内核基础上，结合当前的时代特点，将原本的富贵贫贱提升到“和而不同”“团结互助”的文化内涵高度，就可以与当前的人类命运共同体的价值观念相融合，体现出较高的思想境界和哲学意味，从而达到更好地传播齐鲁文化、中国传统文化的目的。

四是符号活用。将传统文化中的具有标志性的人物、事物等文化符号大胆创新、灵活运用，使之变成流动中的坐标，而不仅仅是基因纯种的保护。融合、借鉴其他新的文化符号元素，使之成为大众易于理解和接受的文化符号，然后再进行创新。

五是重编故事。对传统故事进行大胆改造，重新演绎，与当下的价值观相结合，更符合广大观众尤其是年轻观众的接受心理。比如鲁班锁在网络游戏《王者荣耀》中的运用，产生了过亿的点击量，深受广大年轻观众的喜爱。

只有将传统文化与当代的网络流行文化相结合，先让年轻人对传统文化产生兴趣和引起关注，才能进一步对传统文化的内涵进行有效传播。先要将齐鲁传统文化变成“陌生化”的文化产品，吸引年轻人的眼球，再逐步地挖掘其所蕴含的深厚的思想价值和审美价值，让受众感受到其中超越时空的价值观念，从而达到有效创新传播的目的。也只有这样，齐鲁传统文化才能够重新回到大众的视野，重新焕发光彩和生命力。

（作者王英静系山东传媒职业学院影视制作系教师）

新媒体语境下齐鲁文化的短视频传播研究*

王晓翠

［摘要］党的十八大以来，一系列引导和促进传统文化发展的政策相继出台，传统文化产业规划和文化振兴计划全面启动，为传统文化发展带来生机。齐鲁文化是我国乃至世界文化艺术宝库中的重要财富和组成部分，在倡导传播传统文化的社会背景下，齐鲁文化借助新媒体技术再次掀起了传播的热潮，且传播的方式由被动变主动，由媒体主导倾向于群众自发传播。随着内容生产与传播方式的转变，短视频传播作为近几年出现的新兴传播方式，在文化传播中异军突起，助推了齐鲁文化在社会上的推广。本文从短视频传播的角度对齐鲁文化进行研究，分析了新媒体创作文化类短视频的现状，提炼出短视频传播过程中应考虑的问题与体现的现实意义，总结当前短视频传播的途径和措施，为齐鲁文化的大众传播提供参考。

［关键词］齐鲁文化；短视频传播；媒体融合

在新媒体语境下，齐鲁文化借助多样的传播形式，数字化的传播手段，主动接触和借用新媒体，在创新传播内容，坚信“内容为王”的基础上，充分挖掘新媒体的传播优势，积极利用短视频传播属性优势，不断创

* 本文是2020年度山东省艺术科学重点课题：新媒体语境下齐鲁文化的短视频传播研究（编号：ZD202008623）阶段性成果。

新内容与形式，力争实现多元媒介环境下的齐鲁文化新的繁荣发展。在新媒体语境下，分析并利用新的传播技术所带来的传播方式的变化，将文化创意与媒体创新相结合，全面提升齐鲁文化传播力，助力齐鲁文化“旧貌换新颜”。

一、传播内容时代化——“搬家式救援”彰显齐鲁之义

2020年2月湖北抗击新冠肺炎疫情时，山东特色“搬家式硬核支援”登上了微博热搜，阅读量达410.1万人次，一时间成为网民们津津乐道的话题。正是在新媒体的推动下，不仅让山东人赚足了流量和眼球，也为齐鲁文化内涵的现代阐释提供了渠道，将深厚的齐鲁文化以现代的流行的网络表达展示出来。齐鲁文化中的“义”在媒体的报道下不断放大，所折射的是山东人仁厚的性格特色和文化特色。

在灾难面前，媒体对山东支援力量的报道并不是先例。在2003年“非典”时期，山东捐献了50万毫升血液送往北京，总量占全国捐献总数的一半。2008年汶川大地震时，山东对口援助的是房子倒塌近80%的北川，山东日照出了一个“史上最牛救援队”——10个农民开着农用三轮车到汶川进行救灾。新媒体的力量，让山东的支援力量更聚焦，引起了网民的关注，并与网民形成了良好互动。

2021年7月，面对河南暴雨灾害时，山东又一次展现“义”的本色，媒体上类似“山东人硬核救援河南，搬家式支援‘缺啥送啥’，感动无数国人”等话题层出不穷。从汶川到武汉再到河南，山东人所展现的文化情怀和厚重担当，成为一个现象级话题，获得公众和社会媒体认同。对山东人的报道从新媒体逐步扩展至山东卫视、半岛都市报等传统的电视媒体和报纸媒体。

这种在困难和灾难面前表现出的“一方有难，八方支援”的救援精神

传承了优秀齐鲁文化的基因，内置了齐鲁文化的现代内涵。每一次在困难面前，山东人所表现出来的担当和责任，都经过果敢的实践，凝聚成齐鲁文化中独特的文化基因和救助精神，在齐鲁大地上不断传承，凝聚成全民瞩目的榜样力量。

利用抖音等新媒体平台，将以短视频新闻、动图视频等形式展现的山东人的“义”展示出来，充分发挥了新媒体平台的碎片化传播的优势。视频往往截取最有视觉冲击力的片段，紧紧围绕着“义”这一话题，用来自普通百姓的真实故事讲述在灾难面前山东人的“大气”，以小见大，将流淌在山东人血液中的齐鲁精神发掘出来。利用这种“接地气、冒热气、有人气”的报道方式，通过一线丰富生动的素材，赢得了广大网友的普遍认可和点赞。

“山东救援队驰援河南”的热搜阅读量有91.1万人次，“山东人真‘傻’，‘捐空家底’支援河南，硬核山东都捐了些啥？”“山东人捐献的物资只有你想不到，没有山东人捐不了的”等话题再次冲击着网络，成为网络热点。山东人用他们最朴实、最真诚的行动在向全国传播自己的理念，让齐鲁文化作为山东的文化底蕴彰显了其博大的内涵和力量。

二、传播手段多样化——融媒体手段应用

齐鲁文化的传播手段从传统媒体向新媒体转移已经成为不可逆转的趋势，即使是电视文化节目，也逐步形成了开播前新媒体开道：制造话题、聚集人气，开播后将内容通过新媒体与电视媒体同步传播的新模式。通过定制适合新媒体平台传播的短视频、微话题等内容，在新媒体平台上加大传播力度，同时，充分发挥新媒体平台的互动优势，加强与观众的互动交流，并形成传播话题。

短视频凭借其时长短、话题集中、画面冲击力强、传播视觉效果好等特质，成为齐鲁文化融媒体传播的一股新兴力量，增加了齐鲁文化在年轻

网民乃至青少年中的传播力度，提升了其传播力和影响力，拓宽了其文化传承的途径。

网络上消息类的新闻短视频的平均时长不超过2分钟，既减轻了网友的阅读压力，也增强了其传播效果，微信朋友圈的视频更是短小精悍，在15秒之内。

《凌晨打电筒采摘，首批350吨蔬菜运往武汉》的新闻报道在“梨视频”“海报新闻”“封面视频”“我们”“小红书”等短视频平台大量传播，并被“新浪”“网易”“凤凰网”“搜狐网”等网站采用，甚至登上了“新华社”客户端等主流媒体平台，50秒的视频，土味的乡村话语、质朴的农民面孔，不喊口号、只看行动……多种组合的融媒体传播手段，原汁原味的短视频，再次体现了山东人的深情厚谊以及齐鲁文化的地域性特征。

除了时政性强的短视频新闻，微纪录片或精心剪辑、压缩的电视节目也可以借助短视频的话题集中优势，有重点地传播齐鲁文化的某一特色。

“闪电新闻”联手“人民日报”客户端充分利用融媒体平台的技术优势，综合运用VR（Virtual Reality，虚拟现实）全景拍摄、虚拟仿真、航拍、融媒体直播等手段，借助海陆空多视角拍摄制作方法，制作了《中国这百年·山东篇》的2分40秒的短视频作品，创意新颖，新技术手段增强了视觉感染力，播放量达上亿次，传播效果非常好。

2021年“闪电新闻”打造的“我们正青春”系列短视频，将优秀的山东人做了一个集锦，每人3分钟左右的短视频：女子射箭个人金牌得主张娟娟、核武器专家魏世杰、脱贫攻坚先进个人刘昌法、人民楷模朱彦夫，他们用坚定的行动，一生的付出，贯彻自己的誓言，用自己的行动，践行了齐鲁文化的内涵。

对齐鲁文化在原有的文化精粹的基础上进行内容和传播载体的创新，赋予其新的内涵和故事性。以“抖音”“快手”“梨视频”等为代表的短视频平台，以“闪电新闻”“封面视频”“我们”等为代表的新媒体平台，为齐鲁文化的影像叙事注入了新的活力和元素，并为齐鲁文化的趣味性表达带来了新的契机，用传统齐鲁文化元素作为独特视觉符号，拉开了将齐鲁文化熔铸于短视频传播的序幕。

三、传播主体多元化——借助现代技术，自媒体出世

随着传播技术的简化，传播平台的普及，文化传播的主体不仅局限于官方的机构，大量的自媒体开始加入，出现了“田野里的七月”“云居山里二姨夫”等山东本地网红，从多方面介绍了齐鲁文化的特色。

“田野里的七月”抖音账号运营5年的时间，现在已经拥有200多万粉丝，近5000万的点赞量。账号主体是山东聊城一对90后的夫妻，扎根农村，拍摄了美食视频、家乡风物、风土人情等短视频，并按照相关的主题进行播出，如：“农产品”系列、“童年回忆”系列等，并将山东农村的特色美食“坠面”推上热搜。表现真实的农村生活，介绍具有山东特色的家乡美食，反映家乡变化和农村的田园自然生活，视频中所展示的山东平静美丽的乡村生活，朴实、忠厚的山东人等，充满人情味，正是齐鲁文化在农村的缩影，侧面反映出齐鲁文化的地域特色。

在抖音上，“云居山里二姨夫”拥有60多万粉丝，1000多万点赞量，账号从2019年9月开始运营，立足于山东潍坊临朐县，拍摄的是60多岁农民马云强的日常生活，把农村的家长里短，以段子的形式讲述出来，在搞笑取乐的同时，解决生活中的问题、矛盾、纠纷，宣扬了家庭美德、邻里道德、社会公德，用歌曲传播红色文化，用朴素的价值观引领新农村、新农民，并将齐鲁文化中爱国、爱家、忠孝仁义的理念传播出去。

新鲜的传播主体不仅带来耳目一新的传播内容，也从更多维度发掘了齐鲁文化的不同载体，从身边的故事挖掘高尚的人物、提炼伟大的精神，

这样的文化更接地气，更能赢得普通百姓的共鸣和认同。而且不同传播主体针对多元化的受众，展开了不同的传播视角，磨合出新颖的表达方式，是从内容到形式的全新创新。相比于严肃性、纯文化性的输出传播，目前的新媒体传播内容和形式更具有趣味性、娱乐性、互动性，并且覆盖了原有传播手段不能覆盖的人群，让禁锢在“象牙塔”里的齐鲁文化走进普通公众视野、走进农村群体和老年群体，且更容易被当下的主流新媒体受众——青少年群体所接受。传播者将齐鲁文化融入喜闻乐见的故事里，嵌入嬉笑怒骂的段子里，实现了齐鲁文化的扩散与浸润式传播。

（作者王晓翠系山东传媒职业学院影视制作系教师）

用声音讲好故事
——《放学后》创作概述

黄琦炜　杨青青　王　茜

［**摘要**］《放学后》是一部用声音讲故事的作品。为了刻画留守儿童孤独的人物形象，声音创作者用火车鸣笛声作为线索贯穿整个影片。火车鸣笛声在本片中作为声音符号，代表了妈妈的远去，承载着孩子对妈妈的思念之情。本片采用5.1环绕声制作技术，5.1环绕声把声音分为六个声道，可以更好地还原视觉画面中的声学空间，营造更加立体的观赏体验。录音团队对每个场次的环境进行整体设计，分为了大区域的地域环境、中层次的街道空间以及近距离的场景环境。在进行场景设计后，录音团队赶赴山林、村庄、城市巷子等地方有针对性地进行立体声环境采录，尝试运用XY、AB、ORTF三种制式进行录音，所录制的环境素材在空间广度、真实度方面有较好的表现力。

［**关键词**］声音设计；5.1环绕声；立体声拾音

在第六届“声音学院奖”评奖中，山东传媒职业学院（简称“山传”）报送的作品《放学后》获得“动画片与创意短片”一等奖。本片属于文艺片，讲述了一名山东留守儿童在放学后孤独游走在乡间的历程。整部作品画面中没有体现人物之间的矛盾冲突，语言仅有孩子和卖糖葫芦的大爷之间的一句对话。孩子行走过程中，穿过村落、公路、河滩、山林，整个影片呈现出“茕茕孑立，形影相吊”的孤寂感。“声音学院奖”是中国电影电视技术学会面向全国高等院校声音相关专业师生设立的奖项，属于国家一级学会奖，自2015年设立以来，受到广大师生和业界的热烈欢迎和高度认可，在全国高校声音创作评选中具有很高权威。《放学后》是职业院校学生作品，第一次获得一等奖的好成绩，也代表山传录音专业师生实现了在影视后期制作方面的全新突破。

微电影《放学后》的创作历时两年，由三届学生跨专业合作完成。在开始声音后期创作的初期，声音主创团队的学生和老师一起讨论多次，经过一个月的制作完成了第一版立体声作品，但声音元素的表现力仍然单薄。在画面相对简单的情况下，声音无法起到推动剧情和情感发展的作用，观众很难领会导演的思想内涵。以何为抓手进行创作，是困扰录音团队的一个难题。在杨青青老师的带领下，团队决定做一部用声音讲故事的作品。根据画面表现和整体立意，给予孩子一个相对具体的人设：阿山是一个孤独的留守儿童。留守儿童渴望有母亲的陪伴、得到母亲的关爱，这是他放学后独自游荡的根本原因。为了契合作品简约、文艺的风格，在设计时没有用太多叙述性的对白，只设计了老师和妈妈的两句简单的画外音，交代了男孩的老师要求家长在试卷上签字的事件。同时也做了一个悬念，让大家猜想他惆怅的深层次的原因，片尾妈妈的声音则为观众做了解答：男孩的妈妈曾经承诺他如果考试考了100分就回家看他，可当小男孩真的考了100分后，他知道这是无法实现的，由此引发了他放学后孤独寂寞的一系列行走历程。制作过程中，团队受日本电影《铁道员》的启发，通过不断地思考、推敲和尝试，设计了“火车”这一线索，用“火车”的声音贯穿整个影片。“火车”作为“符号”的存在，代表了妈妈的远去，承载着孩子对妈妈的思念之情，这使小男孩孤独的留守儿童形象更为丰满鲜明。并且这一音响元素既可作为环境中客观存在的自然音响，又可以作为主观设计的效果音响，在5.1环绕声制作时有更充足的设计空间，使声音灵动起来。

为了寻找灵感，团队参考了陶经老师创作《归来》时的经验。“陶经对《归来》这部文艺片的定位首先是具有真实性，不夸张、不炫技、适可而止，这种创作理念在今天是十分难能可贵的。声音的设计始终是为剧情服务，而非自我表现。‘让观众自然而然地融入影片，体悟剧中人物的存在、时代的存在、感情的存在以及张艺谋导演要讲述的这个故事的存在。’陶经如是说。”①文艺片需要让观众更好地沉浸于导演所塑造的情景中，体验影片内在的情感冲击。声音团队决定在本次作品中采用5.1环绕声制作技术，营造出更为真实、细腻的“声景”空间。

在梳理素材时发现，拍摄的场景位于北方城乡接合部的村落，声音环境很嘈杂。同时，有些场景因为镜头景别无法下杆，以及野外环境风声过大等问题，导致整体同期录音质量不高。在进行场景设计后，录音团队赶赴济南周边的山林、村庄、城市巷子等地方进行立体声环境采录。团队选用了两支Sennheiser416，运用XY、AB、ORTF三种制式录制环境，相同场景环境下录制前景和后景并做好详细的场记，这样为后期5.1环绕声制作时提供环绕声声场，可以避免中置空洞现象。录音师在远离市区的深山山顶录制空旷的环境声，同时也录制了半山腰树叶和野草丛在风中的声响。在对水库不同方向采声时，团队最终选取了半面环山的场景，声音呈现出丰富且空旷的效果。在黄昏中伴随着水中嬉戏的野鸭和跳跃吐泡的鱼儿，远山咕咕的鸟声映衬着空旷和寂静的环境。作品中，有一段主人公穿过村落的场景，联想到几年前团队制作过一部“古街韵”的短片，当时有前去周村实地采录环境声的经历。由于社会的飞速发展，想要采录到干净的空气声已非常不易。在本次录制中，录音组特地等到夜间安静以后，在济南市区的芙蓉街老街巷子里拾取环境声。秋末的北方气候干燥，再加上当天天气晴朗，夜间拾取的声音没有夜里秋虫的鸣叫，白天热闹的人群已经离开，巷子里有干净的空气声，偶尔有巷子里生活环境声和狗叫。再加上远处市区道路上开过重型汽车的轰鸣声，正好映衬了片中的场景。

① 吴丽颖，陶经.论新技术语境下中国电影声音创作方法：以影片《归来》为例[J].现代电影技术，2016(8)：30-33.

在进行音频编辑前，录音团队对每场次的环境进行整体设计，分为大区域的地域环境、中层次的街道空间以及近距离的场景。比如在主人公走进村落巷子的场景中，大区域的空间设定为城乡接合部，远处有公路传过来的车流声，由于传播距离较远，频率可以进行降调处理；中层次的空间，主人公开始走进巷子中时，远处有几个老人在聊天，拐弯后老人消失在画面中，这时巷子里虽然没有人，但老人们聊天的声音时而传来，远处村民家中的鸡鸣狗吠声零星出现，同时，从后面的画面我们可以得知，主人公前往的方向有树林出现，所以风吹树叶的声音可以设计进影片；在近处的画面内，主人公走在巷子里，我们设计了隔壁小孩的啼哭声，在这个场景中有主人公和小狗的互动，观众的视线主要聚焦在小狗身上，所以周围的声音在混录时也要注意比例。通过空间设计，可以提高素材筛选效率，优化环境元素。

本次是山传录音专业第一次挑战5.1环绕声制作技术，这项技术的应用极大地拓展了影片的创作空间和自由度。但声音团队在尝试过程中也走过不少弯路，学生们在开始制作过程中的一个误解是：只要所有音轨上都铺上相同的素材，使得几个声道都有声音，就认为是环绕声。5.1环绕声严格来说是立体声的一种，是两声道立体声的升级，这种制式是把声音分为中置、左前、右前、左后、右后以及低音6个声道，可以更好地还原视觉画面中的声学空间，营造更加立体的观赏体验。我们生活的真实空间是三维的、立体的，我们的耳朵可以接收四面八方的声音，这就决定了在真实空间下，前后左右的声音空间都是有所差异、不同的。所以，简单地把左前、右前的音轨直接放在左后、右后的声道中的做法是不可取的。要从观众视角入手，对音响素材进行分声道放置，形成听觉与视觉相符合的空间架构。比如在主人公来到水库的场景中，画面中右侧是水库，左侧是河岸和树林，在水库大氛围的空气声下，水冲击岸边的声音就应该侧重右前和右后的声道，风吹树叶和水草的声音应侧重于左侧前后的声道。

5.1环绕声制作对环境真实感、包围感的塑造要求极强，在对环境进行设计时，要准备好充足的环境素材。本次外出补录的立体声素材，在后期就进行了充分利用。在做环境编辑的时候，素材基本每一轨都会降到-30dB以下，最多不会超过-20dB，有时候甚至-40dB、-50dB。然后通过不同声道进行设计叠加，并且调整每层之间的比例。在塑造大空间和中层空间时，素材可以在前后声道错开使用，既保证了环境的一致性，又增加了同一时间内的素材元素，不会使环境元素显得过于单一、重复。同时，后环的声音应以中低频为主，高频的声音尽量放在前侧出现，有些素材可以做降调处理。因为以观众的视角看作品，声音设计的不应只是客观真实，还应该是艺术真实。观众的注意力在视觉前面，听觉的重点也应在前。就像主人公走向水库时，使用的远景，空间非常开阔，有清晰的水鸟叫声的点声源，就不适于放在后环的位置。

在进行环境的音响素材的选取时，要重视真实性。在这个作品中，可以看出是属于现代北方的地理环境。在进行“火车”声音的选取时，开始使用了蒸汽火车的素材，蒸汽火车声音更为厚重，听感更动听。但在当代，即使在偏远地区，也基本都使用电气火车。所以在创作过程中，艺术化的处理一定要在现实的环境下进行加工。同时在使用素材库时，不能完全依赖商业素材库中5.1环绕声的音响素材。通常情况下这样的素材在空间广度、真实程度及声源细腻度方面，和具体作品的环境空间还是有很大出入的。如果有相似的成品5.1环绕声音响素材，可以作为一层环境音响，其他还要再进行丰富。

团队在基础相对薄弱的情况下，能取得这次好成绩，有几点因素至关重要。首先，学生要多做作品，提高自己的实践技能。本次声音团队的主创人员刘珈齐、朱云泽同学都曾在学校与北京新声力量国际传媒文化有限公司共同开设的校企共建课程中参与学习，并且在暑假期间前往公司进行实习。在不断提高自己的操作能力和声音审美能力叠加的基础上，遇到好的作品才能游刃有余地进行创作。其次，多向老师们请教经验，在录音这种实践类专业，光自己埋头苦学是不够的，需要多汲取前辈们的经验，在一次次接受建议、实践摸索的过程中，积累经验。再次，团队的力量是强大的，影视从业者需要沟通合作，共同创作出一个出色的作品，和搭档相互帮助、共同向前是成功的必经之路。

（作者黄琦炜系山东传媒职业学院影视制作系教师，杨青青系山东传媒职业学院教授，王茜系山东传媒职业学院影视制作系教师）

《中国节日影像志》的影像实践阐述与省思

——以章丘三德范庄村正月十五元宵节“大扮玩”为例

张恒露　李雅文

[摘要]《中国节日影像志》是由文化部民族民间文艺发展中心承担的国家社科基金特别委托项目《中国节日志》的重要组成部分，是国内第一次系统性地针对传统节日设置的重大科研项目及影像文献工程。《章丘三德范正月十五元宵节大扮玩》作为《中国节日影像志》的子课题之一，以章丘三德范庄村不同巷道的多个村民家庭作为跟拍对象，用300余小时的影像素材记录了济南市章丘区文祖镇三德范庄村自小年到元宵节，村民在整个春节前后真实的生活状态。本文从创作者角度出发，力求通过对田野记录和影像创作的关系，对摄制组人员、设备的调配，对节日经过的拍摄和素材的选择剪辑等方面进行分析论述，探索《中国节日影像志》的体例规范特点、影片表达方式以及影像实践方法。

[关键词]《中国节日影像志》；章丘三德范庄村；元宵节大扮玩；田野记录

一、田野调查式的记录方式与影像叙事的矛盾冲突

（一）摄制组的筹备与进驻

《中国节日影像志》旨在通过真实影像记录中国各地区、各民族在传统节日中的民间活动与民风民俗，客观地还原真实的节日场景，为人类学、社会学、宗教学、民族学、民俗学等研究积累有学术价值且符合学术研究标准的影像资料。该项目是国内第一次系统性地针对传统节日设置的重大科研项目，是重要的影像文献工程，其用影像保留和传承了中华民族丰富多彩的传统文化形式和民间节日风俗，对记录和传播我国优秀的传统文化具有重要的现实意义和深远的历史意义。在《章丘三德范正月十五元宵节大扮玩》[①]获批立项《中国节日影像志》子课题后，课题组根据预计的拍摄方案和内容筹建了摄制组，该摄制组由本课题负责人齐鲁师范学院的朱振华老师，山东传媒职业学院的张恒露、李雅文、姚诚、王欣玮老师，以及山东传媒职业学院2014、2015级影视节目制作专业的常培祥、何天健、华成程等七位毕业生为摄制班底。该班底毕业生中两人于济南分别成立传媒公司并担任法人，成员均长期与带队教师们合作拍摄包括中央电视台栏目在内的各种影视作品，相互配合默契，分工合理，且具备较强的拍摄实力和制作能力。

课题组在正式拍摄前多次走访了三德范庄村，由于齐鲁师范学院的朱振华老师博士论文[②]写作期间已在三德范庄村建立了良好的、详尽的田野调查基础。在朱振华老师进行博士论文写作的一年多时间里，经过大量的实地调研，对三德范庄村不同巷道[③]的许多村民家庭都进行过翔实细致的

① 《中国节日影像志》(09@ZH013)子课题《章丘三德范正月十五元宵节大扮玩》。

② 朱振华.乡民艺术与民间自治传统［D］.济南：山东大学，2017.

③ 三德范庄村按村落空间形态以及姓氏聚集分为张家巷、西道巷、东道巷等十条巷道。

了解和多次的实地采访调研，与不同巷道大扮玩活动的发起人和组织者都建立了较好的情感联系且积累了大量的可供研究的文本资料。因此，在研究确定拍摄对象的过程中，摄制组有的放矢地对三德范庄村不同巷道、族姓的村民家庭进行了采访，与可能的拍摄对象进行了细致的接触沟通，这都为日后拍摄铺设了良好的人际关系基础。因为前期充分的田野调查和良好的人际关系积累，摄制组在正式开拍后，横跨小年、除夕、正月十五，在为期近一个月的拍摄过程中，几乎未遇到太大的困难和阻力，所有的拍摄对象（人物或家庭）对待拍摄都非常配合，摄制组基本上按照设计的方案得到了所有计划拍摄的影像素材。由于本团队是第一次接触《中国节日影像志》要求的影像制作体例，在本次摄制最终完成对影片的剪辑和修改后，笔者多次回看影片成片并对比《中国节日影像志》的制作体例要求，对影片的制作过程产生了一定的省思，现就一些重点层面进行阐述剖析。

（二）影像记录和影像叙事的矛盾冲突

按照《中国节日影像志》的制作体例要求，拍摄者应尽量避免打扰被拍摄者的正常生活，尽可能做到客观翔实地对被拍摄者进行记录。由于此次的拍摄地三德范庄村距离济南市区路程并不遥远且交通便利，三德范庄村联社领导又想办法为摄制组在村里解决了临时的住宿问题，因此摄制组有条件配备更多的拍摄人员、拍摄设备，安排充足的拍摄时间。其中，用于拍摄视频的摄影机七台，相关录音设备七套，灯具若干，无人机两台。摄制组以此等规模的人员和器材进驻拍摄现场，在预先的拍摄计划上，想尽可能地多选取拍摄对象，对村民节日前后的各种生活状态做尽量翔实、时间尽量充足的真实记录，以达到《中国节日影像志》制作的体例要求。

在对拍摄对象进行了详细的采访和梳理后，我们将摄制组的设备和人员分成了五组，其中一组所拍摄的重点家庭有两台机位，其余所拍摄的四个巷道的村民家庭各有一台跟拍设备，另外一台机器负责机动抓拍村中各种突发事件。摄制组按照预先分工跟拍张家巷的张烈民、李景兴家庭，西道巷赵淑美家庭等五路村民家庭。摄制组协调专门人员解决了充电、供电问题，采用长时间开机的跟拍模式，自小年前一天开始，每个摄制组一天至少开机跟拍6个小时，尽量详尽地完成影像记录过程。然而在后期审视和整理素材的过程中，影片的制作者发现面对数百小时的视频素材，很难整理出一条有完整叙事和逻辑关系的故事主线，大部分镜头是完全客观跟拍的流水账式的记录，且现场拍摄者未对被拍摄对象做镜头上的设计和生活内容上的干扰。笔者认为这是拍摄方式与影像成片方式之间不可避免的矛盾所造成的必然结果。

作为田野地区的记录影像，全面铺开的摄制小组和尽量客观无干扰的影像摄制方式的制作初衷是正确的。作为一组长时间、高质量记录一个田野地区的真实影像，将所发生的一切事无巨细地记录下来这件事本身，就具有很大的实践意义和学术价值。然而“影像”[①]与“影片”[②]本身具有完全不同的视听语言表达形式。这种纯旁观式的素材记录方式给“影片”的后期剪辑带来了巨大的困难，加上《中国节日影像志》中少用或避免旁白及解说词的体例要求，影片的创作者在海量的影像素材时空里反复寻找蒙太奇方式和叙事主题，挑选和确定主要人物和故事线索，其最终的迷失和反复，使得成片的内容遭到否定，实际上并不是拍摄计划或者拍摄水平的问题。现在回头来看，这种“迷失”和“反复”是影像体例本身所造成的。这种“影像”和“影片”的关系，有着源头上的矛盾，即到底要不要彻底抛弃掉“故事”，回归到卢米埃尔式的单纯记录[③]本身。抛弃掉故事的影像资料，在学术层面依旧具备其研究价值，但很难作为一部“影片”让广大的受众接受并进行良好的传播。而要创作一部可供观众观看的、具有

① “影像”这里指按《中国节日影像志》体例要求拍摄的全部的影像素材。

② “影片”这里指按《中国节日影像志》体例要求的最终制作完成的完整影片。

③ 电影诞生早期《工厂大门》《火车进站》式的无蒙太奇的影像记录方式。

纪录片或者专题片故事内容和逻辑结构的“影片”，就必须有的放矢地去筹划和布局一些具有故事线索和故事逻辑的影像。在一段拍摄时间内，对所拍摄的对象进行有计划、有取舍地素材拍摄，以保证整部影片的叙事性和普通观众的观看认可性。这一点从弗拉哈迪的《北方的纳努克》的摄制开始，就未曾改变过。故事布局和素材的取舍是影像蒙太奇构建的基本途径，一部完整的影片需要有的放矢地进行影像的设计和录制，需要谋篇布局与精心策划。而事无巨细、面面俱到的纯客观式记录方式会分散摄制组的拍摄精力，其“看到什么，就拍摄什么”“让被拍摄者主导拍摄”的素材记录方式本身也难以支撑一部影片的完善剪辑。至于“正月十五大扮玩”的节日本身，是为期三天的集中会演，是村民在整个节日前后生活、社会关系的交织体现。单纯记录和呈现节日过程本身，并不能用影像深入记录村民在节日背后的生活状态，因此，摄制组只有深入到田野、深入到百姓节前和节后真正的生活中去，才能拍摄到真正真实、有田野深度①和有价值的影像素材。

虽然《章丘三德范正月十五元宵节大扮玩》最后完成了影片的全部制作，经过素材的反复取舍，其在内容上选取了以张家巷张烈民为正月十五大扮玩做各种准备为主要的故事主线，以三德范各个巷道筹划大扮玩活动中产生的各种人物关系和矛盾作为叙事动力，以正月十五元宵节大扮玩当天的节日过程和节后各个巷道的红榜分账作为故事结局，影片在90分钟的时间里，基本完整地进行了人物及故事建构，叙事也基本完整。但是，笔者认为在影像的摄制过程中，如何按照《中国节日影像志》的体例要求进行影像记录，同时又能将记录到的影像加工成为可供普通观众进行观看甚至消费，具有观赏性和紧凑故事性的纪录电影；创作者在筹备、策划和拍

① 此处的“田野深度”指的是摄制组融入被拍摄村民生活的深度，指是否能用大量时间事无巨细地记录村民节日期间真实生活的点滴，是否能够携带拍摄设备，切实融入村民的家庭中，让被拍摄村民忽略拍摄者和镜头的存在，展现其最真实的生活状态。

摄过程中是按照纪录片、专题片的拍摄手法进行创作，还是完全将拍摄视角交给田野中所存在的真实主人公，从尽量多的观察者维度去客观记录一个时期内的节日场景，是仍然需要思考的问题。以上矛盾一直存在于本部影片中，而在日后的同类项目拍摄中，也需要总结反思和反复实践，才有可能创作出更好的作品。在本项目制作基本完成后，主创团队反复观看了最终成片，也一同研究、讨论了其他制作单位、高校同行拍摄制作的多部《中国节日影像志》子课题影片，发现其他子课题作品多数也存在叙事与完整记录，观赏性与客观真实之间的矛盾。当然，有效地解决以上问题，并非一日之功，还需要课题牵头单位、相关制作单位和团体对《中国节日影像志》的体例规范、制作经验等进行密切的交流沟通，互相学习，一同努力探索完善《中国节日影像志》的制作方式，着力解决该项目学术性和传播性之间的矛盾，这样，后续的影片质量才能够在总体上再有一个质的提升，每个团队的辛勤付出和探索也就有了更大的意义。

二、摄制组的人员设备调配和设备的配备方法

（一）摄制组的人员设备调配

本次拍摄过程中，摄制组人员的调配主要依靠对讲机、微信等无线通信工具。大部分时间都有两名人员驾车或骑电瓶车协调电池充电、灯具分发等工作。为了不打扰现场的拍摄进程，所有调度都通过耳机进行，包括所有五条巷道的摄制组都分发了配备耳机的对讲机。由于三德范庄村由四个行政村组成，为章丘区最大的自然村落，其街道、巷道空间布局复杂，在跟拍过程中摄制组经常需要采用不同摄影辅助运动器材交替进行跟拍记录，这都需要专门人员提前协调计划。

比如以下案例的拍摄经过：张家巷拍摄对象张烈民上午于家中突然接到联社电话，联社临时让其迅速准备大扮玩节目，参与区政府举办的正月

十三章丘区民俗会演。张烈民原本在准备本巷道正月十五大扮玩活动，被他所负责的巷道的人员、道具等各种问题搞得焦头烂额。面对突如其来的“额外”安排，张烈民感到不满，怒气冲冲夺门而去，到村联社找联社安排相关活动的负责人冯昭宝协调。此时的被拍摄对象，在怒气之下早已不再顾及拍摄人员的需求，此时屋内拍摄器材为三脚架上的固定机位，稳定器去跟拍了戏台上的表演，屋内设备并不能支持随后而来的跟拍。在预计张烈民可能要骑车出门联系表演事宜后，拍摄张烈民的相关人员迅速通过对讲机将一台用于拍摄的摄像机安装于手持稳定器上，且协调了可以跟拍张烈民骑车的交通工具，同时也准备好了可能会用于航拍的无人机（此无人机随后拍摄了张烈民在通知完其巷道人员后，张家巷村民于禹王庙[①]逐渐聚集的航拍场景）。张烈民的这一突发事件从接到村联社通知到组织巷道表演人员紧急聚集开会商议展演节目，整个过程持续了三个多小时。这三个多小时张烈民步行、骑摩托车往返于三德范庄村以及张家巷的多个地方，而这种有计划进行的多个设备的无缝交替，无间断地、完整客观地记录了这三个多小时张家巷村民张烈民身边发生的一切。在笔者看来，这段影像素材本身展现了三德范庄村的村民民居的空间关系、村民的生活状态和社会关系，这段完整的影像素材本身就具有一定的记录价值和学术研究价值，是难得的多角度、无干扰、纯客观全面记录的人类学、社会学，民俗学影像。

（二）相关设备的配备方法

由于计划了大量的跟随拍摄，本次拍摄的摄制组大量采用了三轴稳定器代替传统三脚架进行跟随拍摄。从拍摄的素材看，跟拍的运动镜头平稳，运动方式流畅，有效避免了影像在观看时因为画面晃动给观众带来的

① 位于张家巷的禹王庙，张家巷村民聚集开会的地方，且张家巷的大扮玩用品都存放于禹王庙的配房之中。

不适感。因为摄像不能长时间的靠双臂持续举起稳定器进行拍摄，我们在技术上解决了三轴稳定器和三脚架快速组合拆装问题，稳定器可以在做固定机位时直接放置于三脚架之上，且可以随时从三脚架上拿下，在录制状态下经过一个快插接口由固定机位变成运动的跟拍机位。在节日过程的跟拍中，由于运动镜头的跟拍时间较长，摄影师身上增加了减轻稳定器重量的背带和支撑腰拖，使摄影师可以长时间利用三轴稳定器进行跟拍。此外，本次拍摄的收音设备，在经过与相关设备商的沟通之后，我们放弃了笨重的挑杆加录音机式的收声方式，而是购置了多套罗德机头麦用于收声。在实地拍摄时，我们对机头麦的收声效果有过一定的担心，但经过后期声音的整理制作后，其实际的收声质量远高于我们的预期，且不同于挑杆式的收声方式，机头麦更加灵活地记录了丰富且层次多样的环境声。由于机头麦可以灵活跟随镜头做各种跟拍的运动，更多的环境声以及声音素材被运动中的收声设备记录了下来。另外，在灯具的选取上，我们采用了可变色温的轻便LED灯光进行补光，以弥补农村家庭各种灯具的色温差距以及夜间室内拍摄因为灯光昏暗而造成的照度不足。

三、节日经过的拍摄和素材的选择剪辑

（一）节日经过的拍摄

三德范庄村正月十五大扮玩以精湛的演技、恢宏的场面而闻名，其主要表演形式有歌曲、舞蹈、杂技、武术几大类。其中的表演形式“芯子”①于2008年入选第二批国家级非物质文化遗产项目名录。其表演形式糅合了杂技、化妆等诸多民间技艺，是对传统艺术的出色演绎。摄制团队从张家

① 三德范庄村大扮玩活动中的一种民间艺术形式，相传起源于明朝，因为表演貌似蜡烛芯而得名。

巷用于大扮玩的“芯子”和“抬杆”[①]的筹备制作过程入手，用镜头记录了三德范庄村不同巷道村民筹备元宵节大扮玩的过程。

三德范正月十五大扮玩活动以村中的巷道为基本单位，每个巷道自己牵头组成一支扮玩队伍。在节日的当天，整个扮玩队伍按顺序出发，沿三德范庄村河道两旁的环村路，经中心桥、玄帝阁旋转，进行表演展示。各个巷道的表演队伍在节日当天都会用最好的服装道具和最齐整的人员参加演出。这种类似“斗演”的过程，实为彰显其所在巷道的人力、物力、财力等综合实力。每个巷道在正月初五后便开始对节日大扮玩需要的道具进行购买和装饰，对节目内容进行反复排练。巷道与巷道之间常暗中较劲，力争拿出最好的节目内容。“抬杆”又是节日大扮玩过程的重中之重，“抬杆”队伍水平的高低成为巷道之间互相比试较量的重要环节，亦是村民于节后议论最多的话题之一。每条巷道于本年度大扮玩过程中表演的精彩程度和表演的成功与否，会在节后的很长时间内成为村民的重要谈资。摄制组在拍摄节日过程的同时，也细致地通过记录筹备大扮玩活动的过程，展现了节日背后三德范庄村民生活的各种真实状态。

三德范庄村的大扮玩活动由民间自发组织，扮玩资金由各个巷道自行解决，联社拨款和巷道村民捐款成为大扮玩活动资金的主要来源。扮玩队伍通过拜年、拨款、捐款筹得钱款，所得钱款和每一笔开支，都会有专门的会计进行逐笔记录。关于扮玩的收支明细，会于节后大扮玩活动结束张贴于本巷道的醒目位置，接受村民监督。

长时间的蹲守跟拍，使得团队能够成功地用镜头记录下村民之间、巷道之间的复杂关系，联社的协调与组织作用，村民与联社之间的关系等宝贵影像，这是有计划的叙事式的拍摄，甚至纪录片式的拍摄都无法实现的，也许这也是此类影像的独特价值之所在。在笔者看来，其积累的大量素材的影像没有一分钟是多余的，有很大的影像价值和研究价值。这种无

---

① 章丘“芯子”在老百姓口中的俗称，也指用于抬起“芯子”表演者的木制或铁制道具本身。

微不至的记录过程让融入其中的每一位创作人员在事后多次回看素材时依然能感觉兴奋和激动，这也正是影像本身所具有的意义和价值；也正是这样，它才能长期打动制作者本人，在每一次观看素材时都能够有新的收获，都能细细地重新品味各个巷道记录的素材间不同人物的深层关系。当然，再一次回归到之前所提及的问题本身，这样的素材很难串剪出45分钟、90分钟或者120分钟的影像素材，因为其本身就无法在一个较短的时间内通过某种叙事技巧和方式表达出来。

（二）素材的选择剪辑

由于前文之阐述，此处不再对影片剪辑赘述。本次拍摄队伍分五路在三德范庄村的五条巷道中进行了长时间的跟踪拍摄，产生了大量的影像素材。300余小时的素材梳理和选取对本片的后期制作带来了巨大的挑战。虽然在前期拍摄过程中，每日的拍摄工作结束后，五路摄制组的相关人员都会聚集开会并通看当天的全部拍摄素材，梳理线索并计划第二天的拍摄，在拍摄过程中力求能发现和整理出影片的剪辑线索。但在后期素材的选取上，由于不能用旁白或解说词进行辅助叙事，在制作过程中我们只能反复斟酌、谨慎取舍，挑选典型事件中的典型人物进行剪辑。最终成片确定了以张家巷村民张烈民家庭为主要的叙事线索进行叙事，而西道巷“少壮派”村民赵淑美家庭和东道巷联社干部冯昭宝家庭以及张家巷大扮玩组织人李景兴家庭的年节影像素材，均一笔带过，只选取了如年夜饭、祭祀等重要镜头在影片中做穿插展示。就节日当天的大扮玩活动本身，笔者现在回头看成片，仍然觉得众多的节日流程素材因三德范十条巷道扮玩队伍的展示形式不能有机地组成一个有逻辑关系的叙事主题而显得有些凌乱。整个影片进入大扮玩部分，便从一片锣鼓声中失去了唯一能抓住的叙事主线，因为张家巷负责人张烈民亦在大扮玩表演队伍中，单纯记录他在人海中的表演过程并不能完善整个节日大扮玩的叙事，如何能够拍好节日过程，也成了笔者一直在思索的问题。

后记

经由本次《中国节日影像志》的拍摄过程，拍摄团队人员就整个拍摄过程和影像成片进行了反复的讨论和反思，力求探索真实影像和叙事影片之间的关系，阐释此类人类学影像的记录方式方法与其最终的价值和意义。希望笔者本文的阐述和省思能为《中国节日影像志》项目工程的发展完善提供一点可供参考的建议。

（作者张恒露系山东传媒职业学院影视制作系教师，李雅文系山东传媒职业学院影视制作系教师）